Matthias Gleis

Die Geschichte von Abraham

Matthias Gleis

Die Geschichte von Abraham

Ein Adventbuch

Fromm Verlag

Impressum / Imprint
Bibliografische Information der Deutschen Nationalbibliothek: Die Deutsche Nationalbibliothek verzeichnet diese Publikation in der Deutschen Nationalbibliografie; detaillierte bibliografische Daten sind im Internet über http://dnb.d-nb.de abrufbar.

Bibliographic information published by the Deutsche Nationalbibliothek: The Deutsche Nationalbibliothek lists this publication in the Deutsche Nationalbibliografie; detailed bibliographic data are available in the Internet at http://dnb.d-nb.de.

Coverbild / Cover image: www.ingimage.com

Verlag / Publisher:
Fromm Verlag
ist ein Imprint der / is a trademark of
AV Akademikerverlag GmbH & Co. KG
Heinrich-Böcking-Str. 6-8, 66121 Saarbrücken, Deutschland / Germany
Email: info@frommverlag.de

Herstellung: siehe letzte Seite /
Printed at: see last page
ISBN: 978-3-8416-0042-4

Inhaltsverzeichnis

Vorwort

in diesem Adventslesebuch bzw. -kalender möchte ich einen längeren, narrativen Text vorstellen: die Erzählungen um Abraham, den Stammvater der Israeliten.

Solche Geschichten haben natürlich einen ganz eigenen Charakter innerhalb der biblischen Literatur. Sie erzählen von längst zurückliegenden Ereignissen und sind geprägt von einem bestimmten Bild, da sich der jeweilige Autor von der damaligen Zeit und von Abraham gemacht hat.

Der narrative Charakter lädt aber ein, in den Geschichten zu verweilen und mit der Gesamterzählung durch den Advent zu wandern.

Ich habe die Abrahamsgeschichte aus zwei Gründen ausgewählt:

1. Sie ist die Geschichte von Einem, der auf dem Weg ist – eine schöne Analogie zur Adventszeit.
2. Abraham ist eine der Schlüsselfiguren des Alten Testaments neben Mose und Elija. Selbst König David muss gegenüber diesen Gestalten zurückstehen.

Jeder Tag besteht aus drei Abschnitten. Im ersten findet man die Bibelstelle. Den Zweiten habe ich 'Wort' genannt, da er versucht sich der Schilderung durch eine Nacherzählung und durch einige wenige exegetische Anmerkungen zu nähern.

Im dritten Abschnitt werden einige Gedanken zum Text angeschlossen.

Genug der Vorrede. Ich wünsche viel Freude mit diesem Kalender in den kommenden Wochen.

1. Dezember: Abrahams Berufung

Der Herr sprach zu Abram: Zieh weg aus deinem Land, von deiner Verwandtschaft und aus deinem Vaterhaus in das Land, das ich dir zeigen werde. Ich werde dich zu einem großen Volk machen, dich segnen und deinen Namen groß machen. Ein Segen sollst du sein. Ich will segnen, die dich segnen; wer dich verwünscht, den will ich verfluchen. Durch dich sollen alle Geschlechter der Erde Segen erlangen.

Da zog Abram weg, wie der Herr ihm gesagt hatte, und mit ihm ging auch Lot. Abram war fünfundsiebzig Jahre alt, als er aus Haran fortzog. Abram nahm seine Frau Sarai mit, seinen Neffen Lot und alle ihre Habe, die sie erworben hatten, und die Knechte und Mägde, die sie in Haran gewonnen hatten. Sie wanderten nach Kanaan aus und kamen dort an.

Abram zog durch das Land bis zur Stätte von Sichem, bis zur Orakeleiche. Die Kanaaniter waren damals im Land. Der Herr erschien Abram und sprach: Deinen Nachkommen gebe ich dieses Land. Dort baute er dem Herrn, der ihm erschienen war, einen Altar. Von da brach er auf zum Bergland östlich von Bet-El und schlug sein Zelt so auf, dass er Bet-El im Westen und Ai im Osten hatte. Dort baute er dem Herrn einen Altar und rief den Namen des Herrn an. Dann zog Abram immer weiter, dem Negeb zu.

(Gen 12,1-9)

Wort

Abram – ein Stadtbewohner – verlässt seine Heimat und wird Nomade. Aus heutiger Sicht fasst er einen seltsamen Entschluss, indem er die Sicherheit der Stadtmauern mit der Unsicherheit des Zeltes tauscht.

Aber die Erzählung beginnt – man kann auch sagen 'hebt an' - mit einem langen Spruch Gottes. Abram geht nicht aus eigenen Stücken, sondern weil Gott es ihm so befiehlt und weil Gott ihm zugleich eine Verheißung zuspricht. Abraham soll sich in einem fremden Land niederlassen, um ein großes Volk zu gründen, ein Segen zu werden und einen großen Namen zu erhalten.

Abram tut, was sein Gott ihm aufträgt – und erlebt auf diese Weise eine Neugeburt. Dies zeigt die Geschichte auf indirekte Weise: wir hören nicht, aus welcher Sippe Abram stammt oder wer sein Vater war. Abram tritt in die Erzählung ein als ein von Gott aus seiner alten Identität Herausgerufener. Die ersten 75 Jahre seines Lebens sind dabei nicht von Interesse und ohne Bedeutung. Später wird Gott ihm auch noch einen neuen Namen verleihen – nicht mehr Abram – wie er jetzt noch heißt – sondern Abraham wird er gerufen.

Abram macht sich also auf, zusammen mit seiner Frau, seinem Neffen und all seinem beweglichen Besitz. Wir erfahren nicht, ob Abram sich zu seinem Entschluss durchringen musste, ob er mit Gott darum gerungen hat oder ob seine Angehörigen überzeugt werden mussten. Jedenfalls machen sie sich auf und kommen nach Kanaan.

Als Abraham wusste, dass dies das Land seiner Verheißung war, baute er einen Altar für seinen Gott. Damit war – nach altorientalischem Verständnis – auch Gott in diesem Land installiert. Aber Abram bleibt nicht bei dem Altar, an dem er Gott – so können wir spekulieren - für die glückliche Reise gedankt hat, sondern er zieht immer weiter.

Diese Geschichte erzählt aber nicht nur die individuellen Ereignisse der Neugeburt eines gewissen Abram aus Ur, sondern sie ist auch die Gründungserzählung des Volkes Israel.

Wir erfahren,

- dass die Wurzeln Israels im fernen Osten, d.h. Mesopotamien, liegen (darauf werden wir später noch einmal zurückkommen)
- dass Gott für Israel das Land Kanaan ausgewählt hat
- dass Israel das gesegnete und auserwählte Volk Gottes ist
- dass Israel zunächst ein Volk von Nomaden ist

Gedanken

Aus heutiger Sicht könnte Abrams Entschluss als „erwachsen werden" verstanden werden (wenn wir einmal die Altersangabe, er sei 75 gewesen, außer Acht lassen). Abram beginnt auf das zu hören, was Gott *ihm* sagt und wagt Neues und Ungewisses.

Als Nomade ist Abram sein ganzes Leben lang im Advent. Er ist beständig auf dem Weg und findet erst im Tod seine Ruhe. Davon werden wir später noch hören.

Abram achtet aber weniger auf die Mühen und Gefahren, sondern vertraut vielmehr auf die Möglichkeiten, die der Neuanfang ihm bietet. So hat er zwar eine Frau, aber er ist in seiner alten Umgebung offensichtlich so eingeengt, dass er gar keine Familie gründen kann. Erst im neuen Lebens*raum* kann er zu einem großen Volk werden. Und nicht nur das: er soll zum Segen werden. Erst im neuen Land kann er selbst Verantwortung übernehmen und wirklich Großes vollbringen.

So ist diese Geschichte von Abram eine Mut-Mach-Geschichte. Gott beruft jeden Menschen in die Freiheit seiner eigenen Verantwortung, seines eigenen Landes. Dabei ist nicht jeder Unsicherheit vorgebeugt, aber Gott lässt niemanden allein. So hat Abram alle die mitgenommen, deren Nähe er wirklich brauchte. Er hat das Neue aber auch mit Gott begonnen, als er seinen Altar baute.

2. Dezember: Abraham und Sara in Ägypten

Als über das Land eine Hungersnot kam, zog Abram nach Ägypten hinab, um dort zu bleiben; denn die Hungersnot lastete schwer auf dem Land. Als er sich Ägypten näherte, sagte er zu seiner Frau Sarai: Ich weiß, du bist eine schöne Frau. Wenn dich die Ägypter sehen, werden sie sagen: Das ist seine Frau!, und sie werden mich erschlagen, dich aber am Leben lassen. Sag doch, du seiest meine Schwester, damit es mir deinetwegen gut geht und ich um deinetwillen am Leben bleibe.

Als Abram nach Ägypten kam, sahen die Ägypter, dass die Frau sehr schön war. Die Beamten des Pharao sahen sie und rühmten sie vor dem Pharao. Da holte man die Frau in den Palast des Pharao. Er behandelte Abram ihretwegen gut: Abram bekam Schafe und Ziegen, Rinder und Esel, Knechte und Mägde, Eselinnen und Kamele.

Als aber der Herr wegen Sarai, der Frau Abrams, den Pharao und sein Haus mit schweren Plagen schlug, ließ der Pharao Abram rufen und sagte: Was hast du mir da angetan? Warum hast du mir nicht gesagt, dass sie deine Frau ist? Warum hast du behauptet, sie sei deine Schwester, sodass ich sie mir zur Frau nahm? Nun, da hast du deine Frau wieder, nimm sie und geh! Dann ordnete der Pharao seinetwegen Leute ab, die ihn, seine Frau und alles, was ihm gehörte, fortgeleiten sollten.

(Gen 12,10-20)

Zwei Dinge fallen in der Geschichte auf. Zum einen wird sie an anderer Stelle noch einmal erzählt. Aber in der anderen Fassung spielt sie nicht in Ägypten, sondern in Kanaan. Wir werden später darauf zurückkommen. *Wort*

Zum anderen erinnert die Erzählung stark an die Josefsgeschichte.

Wir hören

- von einer Hungersnot in Kanaan, die Abraham zwingt nach Ägypten zu ziehen
- von einem Pharao, der die Fremdlinge zunächst freundlich empfängt
- von göttlichen Plagen, die die Ägypter dazu zwingen, Abraham wieder wegzuschicken

Diese Anklänge sind gewollt und stellen Abraham in die spätere Tradition seines Volkes. Wie Jakob wird er gezwungen nach Ägyptern zu gehen und wie Josef und Mose steht er vor dem Pharao.

Aus historischer Sicht ist diese Erzählung ganz und gar unmöglich, da der Pharao, der in Ägypten als gottgleich gilt, sich kaum mit einem dahergelaufenen semitischen Nomaden auseinandersetzt.

Diese Erzählung lebt von einer eigentümlichen Spannung. *Gedanken*

Einerseits erleben wir Abraham als einen ängstlichen Menschen. Er, der seine Wurzeln um Gottes willen und auf Gottes Wort hin abgeschnitten hat und sich in Unbekanntes aufgemacht hat, wird plötzlich kleinmütig. Er muss sich in den Schutz des Pharao begeben, traut ihm aber nicht. Deshalb erzählt er den Ägyptern nicht die ganze Wahrheit.

Und wir hören weiter, dass er das angefangene Spiel, Sara als seine Schwester auszugeben, sehr lange spielt. Er nimmt reiche Geschenke an und lässt es sogar zu, dass Sara in den Palast geholt wird. Der Leser fragt sich, was geschehen wäre, wenn Gott nicht eingegriffen hätte. Hätte Abraham seine Frau aufgegeben, gegen das Gesetz Gottes gehandelt um sein Leben zu retten? Oder hätte er um Sara gekämpft. Es scheint wohl eher die erste Möglichkeit wahrscheinlich.

Man könnte Abraham dabei vielleicht noch zu Gute halten, dass Gott schweigt. Denn wir erfahren ja nicht, dass Gott Abraham dazu aufgefordert hätte, nach Ägypten zu gehen. Insgesamt erscheint Abrahams Handeln aber in einem schlechten Licht.

Andererseits ist Gott Herr der Situation. Er befreit Abraham aus der Sackgasse, in die er sich selbst manövriert hat. Aber dieses Eingreifen Gottes lässt Abrahams Spiel in einem noch schäbigeren Licht erscheinen. Warum traut Abraham Gott nicht? Warum glaubt er nicht, dass Gott ihn vor der Willkür des Ägypters bewahren kann? Durch seine Unehrlichkeit zwingt Abraham Gott zu größerem Eingreifen, als wäre er ehrlich geblieben.

Wir kennen heute ähnliche Situationen. Wie Abraham werden auch wir manchmal in eine Situation gestellt, die außerhalb unseres normalen Lebensbereiches liegt. Auch wir verlieren dabei unseren Kopf und tun nicht das Naheliegende, das uns zu schwierig oder zu gefährlich erscheint. Dadurch kommen wir zuweilen in eine noch schlimmere Lage. Gott hilft Abraham, ohne nach seiner Schuld zu fragen, ohne 'hätte', 'wäre' und 'aber' – einfach so.

Gott ermöglicht also erst einmal Abrahams Weiterleben. Das ist das Wichtigste und nicht sinnlose Fragen nach Verantwortung und Moral. Das könnte heute zweierlei bedeuten.

1. Es gibt in jeder Situation Gottes Hilfe.
2. Hilfe braucht man sich nicht zu verdienen. (Das vergessen wir leider zu oft etwa bei Diskussionen um Bedürftige oder Asylbewerber).

3. Dezember: Abraham und Lot

Von Ägypten zog Abram in den Negeb hinauf, er und seine Frau mit allem, was ihm gehörte, und mit ihm auch Lot. Abram hatte einen sehr ansehnlichen Besitz an Vieh, Silber und Gold. Er wanderte von einem Lagerplatz zum andern weiter, vom Negeb bis nach Bet-El, bis zu dem Ort, an dem anfangs sein Zelt gestanden hatte, zwischen Bet-El und Ai, dem Ort, wo er früher den Altar erbaut hatte. Dort rief Abram den Namen des Herrn an.

Auch Lot, der mit Abram gezogen war, besaß Schafe und Ziegen, Rinder und Zelte. Das Land war aber zu klein, als dass sich beide nebeneinander hätten ansiedeln können; denn ihr Besitz war zu groß und so konnten sie sich nicht miteinander niederlassen.

Zwischen den Hirten Abrams und den Hirten Lots kam es zum Streit; auch siedelten damals noch die Kanaaniter und die Perisiter im Land. Da sagte Abram zu Lot: Zwischen mir und dir, zwischen meinen und deinen Hirten soll es keinen Streit geben; wir sind doch Brüder. Liegt nicht das ganze Land vor dir? Trenn dich also von mir! Wenn du nach links willst, gehe ich nach rechts; wenn du nach rechts willst, gehe ich nach links.

Lot blickte auf und sah, dass die ganze Jordangegend bewässert war. Bevor der Herr Sodom und Gomorra vernichtete, war sie bis Zoar hin wie der Garten des Herrn, wie das Land Ägypten. Da wählte sich Lot die ganze Jordangegend aus. Lot brach nach Osten auf und sie trennten sich voneinander. Abram ließ sich in Kanaan nieder, während Lot sich in den Städten jener Gegend niederließ und seine Zelte bis Sodom hin aufschlug. Die Leute von Sodom aber waren sehr böse und sündigten schwer gegen den Herrn.

(Gen 13,1–13)

Wort

Die Weiden im Land sind knapp. Es ist kein Platz für zwei große Herden. Da es im Land nur eine einzige Regenzeit gibt, benötigen die Weiden ein Jahr, um sich vom Abweiden zu erholen. Eine Weide kann also nur einmal im Jahr benutzt werden. Aus diesem Grund gibt es Streit zwischen den Hirten Abrahams und Lot. Ein Verdrängungswettbewerb ist im Gang. Wo Einer ist, kann kein Zweiter sein, zumal Abraham und Lot nicht allein im Lande sind.

Abraham will diesen Verdrängungswettbewerb aber nicht länger ertragen, zumal er mit Lot familiär eng verbunden ist. Beide sind ja in diesem Land Zugezogene und deshalb aufeinander angewiesen. Abraham überlässt Lot großzügig den fruchtbareren Teil des Landes, so sehr wünscht er sich den Frieden mit Lot. Im weiteren Verlauf deutet die Geschichte aber schon an, dass Abraham letztlich sogar besseren Teil des Landes erhalten hat, da die Gegend, die Lot wählt, zusammen mit Sodom verwüstet wird. Davon wird später noch die Rede sein.

Gedanken

Die Geschichte zerfällt in zwei ganz unterschiedliche Teile. Die erste Passage ist eine Überleitung zum eigentlichen Thema. Abraham kommt aus Ägypten und lebt in seinem Land als Nomade. Wir erfahren dabei auch, dass Abraham sich immer wieder seinem Gott zuwendet

Vielleicht gibt ihm ja diese Hinwendung zu Gott die Gelassenheit, mit der im zweiten Teil der Erzählung den drohenden Konflikt mit seinem Neffen Lot abwendet. Abraham ist unendlich großzügig, da er Lot den viel besseren Teil des Landes überlässt. Er selbst begnügt sich mit dem Steppenland im Süden Kanaans, in der Nähe seines Altares.

Wenn wir im Vergleich dazu die vorangegangene Erzählung betrachten, die uns Abraham als Kleinmütigen vorstellt, so können wir daraus schließen, dass ihm in Ägypten möglicherweise der Kontakt zu seinem Gott fehlte.

Vielleicht hat Abraham auch aus der Erfahrung in Ägypten gelernt. Er versucht den Konflikt mit Lot nicht aus der Perspektive seiner Interessen zu beurteilen, sondern er kann sich im Vertrauen auf Gott über diesen Konflikt stellen. Er weiß, dass Gott ihn beschützen und führen wird, auch wenn seine Lage durch die Wahl Lots nicht einfacher wird.

Eine solche Gelassenheit fehlt uns heute allzu oft. Wir sind es gewohnt Konflikte so anzugehen, dass unsere Interessen gewahrt bleiben. Das halten wir für gerecht. Aus der Perspektive Gottes könnte sich diese Vorgehensweise relativieren. Sind unsere Interessen immer gerecht, oder gibt es andere, höher zu bewertende Güter, die geschützt werden müssen?

In der Erzählung stellt Abraham den Frieden mit seinem Verwandten über die Durchsetzung seiner Interessen. Er weiß, dass der Zusammenhalt der Familie wichtiger sein wird als fette Weiden.

Uns kann diese Geschichte zeigen, dass es sich lohnt, bei der Lösung von Konflikten weitherzig und weitsichtig vorzugehen, da wir dabei mehr gewinnen als wir zunächst zu verlieren scheinen. Gott gibt die Gelassenheit dazu, denn wenn wir uns ihm zuwenden, werden wir hineingenommen in die Perspektive des Himmels, die noch viel weiter ist, als weiteste Weite unseres Horizonts und Herzens.

4. Dezember: Gottes Verheißung an Abraham

Nachdem sich Lot von Abram getrennt hatte, sprach der Herr zu Abram: Blick auf und schau von der Stelle, an der du stehst, nach Norden und Süden, nach Osten und Westen. Das ganze Land nämlich, das du siehst, will ich dir und deinen Nachkommen für immer geben. Ich mache deine Nachkommen zahlreich wie den Staub auf der Erde. Nur wer den Staub auf der Erde zählen kann, wird auch deine Nachkommen zählen können. Mach dich auf, durchzieh das Land in seiner Länge und Breite; denn dir werde ich es geben.
Da zog Abram mit seinen Zelten weiter und ließ sich bei den Eichen von Mamre in Hebron nieder. Dort baute er dem Herrn einen Altar.

(Gen 13,14-18)

Wort

Die heutige Erzählung führt weiter, was wir gestern gehört haben. Das Land, das nach Lots Wahl für Abraham übriggeblieben ist, ist das Land, das Gott Abraham verheißt. Es ist das auch das Land, in dem Abrahams Nachkommen zu einem großen Volk werden.
Nach dieser neuerlichen Verheißung, tut Abraham das, was er zu Beginn seines Lebens in Kanaan auch getan hat. Er baut wiederum einen Altar. Diesmal bei den Eichen von Mamre in der Nähe von Hebron. In diesem Gebiet wird Abraham auch später begraben werden. Bis zu diesem Zeitpunkt allerdings wird er ein Nomade bleiben, der das Land dadurch be*sitzt*, in dem er eben nicht sitzt, sondern von Ort zu Ort zieht.

Diese kurze Erzählung gibt uns heute die Gelegenheit näher über diese eigentümliche Spannung von Unrast und Ruhe nachzudenken, die Abrahams Leben prägt.
Abraham besitzt ein Land, das später nach Gottes Verheißung seinen Nachkommen gehören wird. Aber in diesem Land ist er heimatlos. Feste Punkte sind nur die Altäre, die er seinem Gott baut.
Ähnlich ist es mit unserem Leben. Es ist uns geschenkt, aber wir finden in ihm letztlich keine Heimat. Unsere Lebenszeit drängt uns immer weiter und lässt keine Ruhe uns in unserem Leben niederzulassen.
Nach unserm christlichen Glauben wird es aber eine ewige Heimat im Himmel geben. Diese können wir uns schon jetzt vergegenwärtigen. Dafür könnten auch die Altäre des Abraham Symbole sein. Dort ruft Abraham seinen Gott an und opfert ihm. Wir werden davon später noch hören. Aber Abraham wird Gott niemals von Angesicht zu Angesicht schauen, wie es später Mose gewährt wird. Und so ist es auch mit der himmlischen Heimat. Eine Vergegenwärtigung des Himmels kann nur in irdischer 'gebrochener' Form stattfinden.
Für die orthodoxe Kirche ist es die Liturgie, in der die ewige himmlische Liturgie widerscheint. Dieser Gedanke führt wieder zurück zu Abraham und seinen Altären in unserer Geschichte.
Vielleicht bewahren ihn seine Altäre auch davor, dass er verzweifelt. Alles, was er hat, ist eine Verheißung. Abraham lebt in seiner neuen Heimat zunächst nur für die Zukunft. Er hat ja gar kein einziges Kind, von einem Volk ganz zu schweigen.
Gerade wir Christen kennen diese Versuchung, nur für die Zukunft zu leben. Im Himmel wird alles besser... Wir werden aber sehen, dass Gottes Verheißung Abrahams irdisches Leben meint und verändern wird. So ist ja auch Jesu Botschaft gemeint.

5. Dezember: Abram und Melchisedek

Melchisedek, der König von Salem, brachte Brot und Wein heraus. Er war Priester des Höchsten Gottes. Er segnete Abram und sagte:

Gesegnet sei Abram vom Höchsten Gott,
dem Schöpfer des Himmels und der Erde,
und gepriesen sei der Höchste Gott,
der deine Feinde an dich ausgeliefert hat.

Darauf gab ihm Abram den Zehnten von allem.

(Gen 14,18-19)

Wort

Diese kurze Passage ist eingebettet in eine große Kriegserzählung. Abraham wird in einen Krieg der kanaanitischen Könige verwickelt. Aber Gott rettet Abraham. Darauf spielt der Segensspruch des Melchisedek an, aber das soll nicht das Thema des heutigen Tages sein.

Wir hören sehr unvermittelt von Melchisedek, dem König von Salem und Priester des höchsten Gottes. Salem ist die Stadt Jerusalem, die zu Abrahams Zeit natürlich noch nicht die Stadt Davids sein kann. Melchisedek ist also König einer kanaanitischen Stadt. Aber er wird, anders als andere kanaanitische Könige nicht als Feind sondern wie ein Heiliger geschildert. Er ist Priester des höchsten Gottes und als solcher in die biblische Tradition bis ins Neue Testament eingegangen.

So heißt es in Ps 110: 'Du bist Priester auf ewig nach der Ordnung Melchisedeks' und in Hebr 7,1-3: 'Dieser Melchisedek, König von Salem und Priester des höchsten Gottes; er, dem Abraham den Zehnten von allem gab; er, dessen Name 'König der Gerechtigkeit' bedeutet und der auch König von Salem ist, da heißt 'König des Friedens'; er der ohne Vater, ohne Mutter und ohne Stammbaum ist, ohne Anfang seiner Tage

und ohne Ende seines Lebens, ein Abbild des Sohnes Gottes: dieser Melchisedek bleibt Priester auf immer.'
Melchisedek ist also das Urbild des Priesters. Er geht Abraham mit Brot und Wein entgegen und segnet ihn. Abraham gibt ihm den Zehnten, also den Gott gehörigen Anteil.

Gedanken

In dieser Erzählung begegnen sich zwei große Männer. Da ist auf der einen Seite Abraham, der von Gott Herausgerufene und Melchisedek, der Priesterkönig. Beide verbindet die Verehrung desselben Gottes (Das gilt zwar nicht aus religionsgeschichtlicher Perspektive, die zwischen dem 'Höchsten Gott' und dem Gott Abrahams unterscheidet, aber es gilt auf der Ebene der Erzählung).
Es wird ein Bild des Friedens gezeichnet inmitten einer kriegerischen und gewalttätigen Erzählung. Melchisedek bringt Brot und Wein zu Abraham heraus. Er verlässt den Schutz seiner Stadt, aber die Zeichen des Friedens und der gemeinsame Glaube mit Abraham schützen ihn. Abraham unterwirft sich der Autorität Melchisedeks, da dieser mit der Macht seines Gottes spricht.
Es ist eine eigentümliche Begegnung zweier so unterschiedlicher Personen. Sie erinnert ein wenig an die weihnachtliche Geschichte der Begegnung der Magier mit dem neugeborenen Jesus. Auch hier treffen zwei völlig unterschiedliche Welten aufeinander. Aber auch hier ziehen Könige aus ihrer Heimat fort, um einem Unscheinbaren zu begegnen, in dem sie Gott verehren wollen. Wie Melchisedek und Abraham verbindet die Weisen aus dem Osten mit Jesus die gemeinsame Sehnsucht nach dem verwandelnden, starken und Frieden stiftenden Gott.
Diese Sehnsucht verbindet bis heute – eigentlich – die christlichen Konfessionen und jeden Menschen „guten Willens“.

6. Dezember: Gottes Bund mit Abraham

Nach diesen Ereignissen erging das Wort des Herrn in einer Vision an Abram: Fürchte dich nicht, Abram, ich bin dein Schild; dein Lohn wird sehr groß sein. Abram antwortete: Herr, mein Herr, was willst du mir schon geben? Ich gehe doch kinderlos dahin und Erbe meines Hauses ist Eliëser aus Damaskus. Und Abram sagte: Du hast mir ja keine Nachkommen gegeben; also wird mich mein Haussklave beerben.

Da erging das Wort des Herrn an ihn: Nicht er wird dich beerben, sondern dein leiblicher Sohn wird dein Erbe sein. Er führte ihn hinaus und sprach: Sieh doch zum Himmel hinauf und zähl die Sterne, wenn du sie zählen kannst. Und er sprach zu ihm: So zahlreich werden deine Nachkommen sein.

Abram glaubte dem Herrn und der Herr rechnete es ihm als Gerechtigkeit an. Er sprach zu ihm: Ich bin der Herr, der dich aus Ur in Chaldäa herausgeführt hat, um dir dieses Land zu Eigen zu geben.

Da sagte Abram: Herr, mein Herr, woran soll ich erkennen, dass ich es zu Eigen bekomme?

Der Herr antwortete ihm: Hol mir ein dreijähriges Rind, eine dreijährige Ziege, einen dreijährigen Widder, eine Turteltaube und eine Haustaube!

Abram brachte ihm alle diese Tiere, zerteilte sie und legte je eine Hälfte der andern gegenüber; die Vögel aber zerteilte er nicht. Da stießen Raubvögel auf die Fleischstücke herab, doch Abram verscheuchte sie. Bei Sonnenuntergang fiel auf Abram ein tiefer Schlaf; große, unheimliche Angst überfiel ihn. (...)

Die Sonne war untergegangen und es war dunkel geworden. Auf einmal waren ein rauchender Ofen und eine lodernde Fackel da; sie fuhren zwischen jenen Fleischstücken hindurch. An diesem Tag schloss der Herr mit Abram folgenden Bund: Deinen Nachkommen gebe ich dieses Land vom Grenzbach Ägyptens bis zum großen Strom Eufrat,

(Gen 15,1-12.17-18)

Wort

Abraham ist immer noch kinderlos. Aus diesem Grund kann er sich nicht darüber freuen, dass sein Gott ihn reich belohnen wird. Es bleibt ja doch nichts von diesem Lohn in seiner Familie, vielmehr wird der Haussklave der einzige Erbe sein.
Aber Gott will Abraham nicht mit Gegenständen belohnen, sondern mit Nachkommen. Man wird sie nicht zählen können wie die Sterne oder, wie wir weiter oben gehört haben, wie den Staub der Erde. Abraham glaubt seinem Gott und Gott weiß dies durchaus zu schätzen.
Aber dann nimmt die Geschichte eine andere Wendung. Unvermittelt ist jetzt davon die Rede, dass Abraham das Land besitzen soll, in das ihn Gott aus Ur geführt hat.
Es folgt die Schilderung des Bundesschlusses. Abraham holt fünf Opfertiere, zwei Vögel und drei vierbeinige Tier, die er in der Mitte zerteilt. Im Hebräischen heißt 'einen Bund schließen' 'einen Bund *schneiden*'. Dies entspricht dem hier beschriebenen Ritus.
Gott macht es Abraham nicht einfach. Er lässt ihn lange warten, einen ganzen Tag lang. Abraham muss die Gott angebotenen Tiere vor Raubvögeln schützen. Und dann naht auch noch die Nacht und Abraham weiß nicht, was auf ihn zukommt. Er spürt, dass das Göttliche auch eine schreckliche Seite hat.
In der Dunkelheit geschieht endlich das Ersehnte. Gott nimmt Abrahams Opfer an. Eine glühender Ofen und eine rauchende Fackel fahren durch die Fleischstücke hindurch. Wie an anderen Stellen im Alten Testament auch, etwa beim Jakobskampf, wirkt Gott im Dunklen.
Der Bund, den Abraham und Gott schließen, ist aber ein anderer, als der, den Mose später auf dem Sinai schließt. Abraham wird nicht auf ein Gesetz verpflichtet und er ist durch den Bund auch nicht der Auserwählte Gottes, denn das war er ja schon vorher. Der Bundesschluss bezieht sich nur darauf, dass Abraham das Land besitzen wird. D.h. hier ist von einem zukünftigen Geschehen die Rede. Der Bund unterstreicht die Zusage Gottes, aber er ist noch nicht ihre Realisierung.

Gedanken

'Ich bin dein Schild' So offenbart sich Gott Abraham. Wie sehr Abraham unter dem Schutz Gottes steht, haben wir ja schon in der Erzählung 'Abraham in Ägypten' gehört. Abraham ist also der besonderen Sorge Gottes anvertraut.

Dies zeigt sich sogleich in den folgenden Passagen. Abraham wird leibliche Nachkommen haben und er wird das Land besitzen, durch das er jetzt zieht. Und Abraham vertraut auf Gottes Versprechen.

Wenn Abraham als Stammvater aller, die an Gott glauben, gelten kann, so können wir mit Recht sagen, Gott will jedem Schild sein wie Abraham. Gott will jeden schützen, ihm Leben schenken und Raum dafür gewähren.

Gott verbündet sich mit Abraham. Die Schilderung dieses Bundesschluss ist ganz seltsam. Die Atmosphäre dieser Passage ist im Gegensatz zum ersten freundlichen Teil sehr düster. Da findet ein blutiges Opfer statt, da ist die Rede davon, dass Abraham Angst hat und dass Gott erst in der Dunkelheit kommt. Das Göttliche ist also nicht nur freundlich und stärkend. Es ist auch unheimlich und rätselhaft.

Es stellt sich die Frage, warum Abraham seine Gaben verteidigen muss und warum Gott sich mit dem Bundesschluss so lange Zeit lässt. Schließlich hat Gott ja den Bund angeboten. Abraham hat ja nur um ein Zeichen gebeten, dass ihm das Land gehören wird.

Diese Rätselhaftigkeit Gottes macht uns bis heute zu schaffen. Wir fühlen uns oft von Gott im Stich gelassen bei allem Glauben. Abraham mag sich ähnlich gefühlt haben, als es Abend wurde. Für diese Frage, wird es hier auf Erden wohl keine Antwort geben. Auch die Geschichte endet seltsam. Zwar erfolgt endlich die Annahme der Gaben, aber man kann nicht sagen, dass die Art und Weise, wie Gott hier verfährt, fröhlich stimmen würde. Ganz im Gegenteil: furchterregend fährt Gott durch die Gaben.

7. Dezember: Ismaels Geburt

Sarai, Abrams Frau, hatte ihm keine Kinder geboren. Sie hatte aber eine ägyptische Magd namens Hagar. Sarai sagte zu Abram: Der Herr hat mir Kinder versagt. Geh zu meiner Magd! Vielleicht komme ich durch sie zu einem Sohn. Abram hörte auf sie. Sarai, Abrams Frau, nahm also die Ägypterin Hagar, ihre Magd, – zehn Jahre, nachdem sich Abram in Kanaan niedergelassen hatte – und gab sie ihrem Mann Abram zur Frau.

Er ging zu Hagar und sie wurde schwanger. Als sie merkte, dass sie schwanger war, verlor die Herrin bei ihr an Achtung. Da sagte Sarai zu Abram: Das Unrecht, das ich erfahre, komme auf dich. Ich habe dir meine Magd überlassen. Kaum merkt sie, dass sie schwanger ist, so verliere ich schon an Achtung bei ihr. Der Herr entscheide zwischen mir und dir. Abram entgegnete Sarai: Hier ist deine Magd; sie ist in deiner Hand. Tu mit ihr, was du willst. Da behandelte Sarai sie so hart, dass ihr Hagar davonlief.

Der Engel des Herrn fand Hagar an einer Quelle in der Wüste, an der Quelle auf dem Weg nach Schur. Er sprach: Hagar, Magd Sarais, woher kommst du und wohin gehst du? Sie antwortete: Ich bin meiner Herrin Sarai davongelaufen. Da sprach der Engel des Herrn zu ihr: Geh zurück zu deiner Herrin und ertrag ihre harte Behandlung! Der Engel des Herrn sprach zu ihr: Deine Nachkommen will ich so zahlreich machen, dass man sie nicht zählen kann. Weiter sprach der Engel des Herrn zu ihr: Du bist schwanger, du wirst einen Sohn gebären und ihn Ismael (Gott hört) nennen; denn der Herr hat auf dich gehört in deinem Leid. Er wird ein Mensch sein wie ein Wildesel. Seine Hand gegen alle, die Hände aller gegen ihn! Allen seinen Brüdern setzt er sich vors Gesicht. Da nannte sie den Herrn, der zu ihr gesprochen hatte: El-Roï (Gott, der nach mir schaut). Sie sagte nämlich: Habe ich hier nicht nach dem geschaut, der nach mir schaut? Darum nannte sie den Brunnen Beer-Lahai-Roï (Brunnen des Lebendigen, der nach mir schaut). Er liegt zwischen Kadesch und Bered.

Hagar gebar dem Abram einen Sohn und Abram nannte den Sohn, den ihm Hagar gebar, Ismael. Abram war sechsundachtzig Jahre alt, als Hagar ihm Ismael gebar.

(Gen 16,1-11.15-16)

Nachdem wir gestern davon gehört haben, dass Abraham Gottes Verheißung glaubt, müssen wir heute feststellen, dass Abrahams Vertrauen nicht immer trägt. Abrahams Frau Sara möchte endlich einen Sohn. Den soll ihre Magd stellvertretend für sie gebären. *Wort*

Saras Magd Hagar wird auch schwanger und so sollte Saras und Abrahams Glück eigentlich vollkommen sein. Aber dann passiert etwas Unerwünschtes: Hagar verliert die Achtung vor Sara. Sie, die Dienerin, kann ihrem Herrn einen Sohn schenken, ihre Herrin kann das nicht.

Sara fühlt sich gedemütigt und bezeichnet Hagars Verhalten als Unrecht, das Abraham ihr antut. Das Kind, das Hagar gebären soll, ist ja Saras Kind, das Hagar stellvertretend austrägt. Abraham hätte als pater familias dafür zu sorgen, dass Hagar sich auch entsprechend verhält.

Abraham gibt Hagar ganz in die Verfügungsgewalt Saras. Sara rächt sich wohl derart an Hagar, dass diese wegläuft. Aber wie soll sie denn alleine ohne Schutz in der Wüste überleben?

Wieder einmal greift Gott ein. Er rettet Hagar und veranlasst sie zur Rückkehr. Auch Hagar wird eine große Nachkommenschaft versprochen – wie Abraham. Aber wir ahnen schon, dass es zu Konflikten kommen wird zwischen Isaaks und Ismaels Nachkommen. Und das ist sogar bis heute so geblieben, dann nach biblischer Vorstellung ist Ismael der Stammvater der Araber.

Gedanken

Wieder einmal versucht Abraham sein Schicksal selbst in die Hand zu nehmen anstatt auf Gott zu hören. Und auch diesmal ist das Ergebnis für Abraham nahezu verheerend. In seinem Haus herrscht Unfriede.
Abraham scheint sich für die Vorgänge in dieser Erzählung kaum zu interessieren. Die Initiative geht von Sara aus. Sie will ein Kind. Und Abraham tut so, als hätte es die Verheißungen Gottes gar nicht gegeben. Als es Probleme mit Hagar gibt, ist Abraham wieder seltsam unbeteiligt. Er lässt Sara und Hagar in ihrem Konflikt allein. Da Hagar als Dienerin die Schwächere ist, verliert sie und flieht in die Wüste. Auch hier greift Abraham nicht ein. Wie in Ägypten, als ihm Sara gleichgültig schien, so scheint ihm auch hier das Schicksal Hagars und seines Sohnes gleichgültig zu sein. Dieser Charakterzug scheint so gar nicht zu dem Bild von Abraham zu passen, das sonst von ihm gezeichnet wird.
Aber wiederum hilft Gott. Er stellt sich auf die Seite der Schwachen auch gegen die Interessen Saras und Abrahams.
Auch uns könnte es manchmal so gehen. Wir glauben immer, Gott stünde in jeder Situation auf unserer Seite. Aber was ist, wenn wir im Unrecht sind? Dann könnte Gott ja auch einmal gegen uns stehen. Aber Gott bestraft Abraham und Sara nicht. Gott sorgt zwar für Hagar und stärkt sie, aber er steht genauso zu seinen Verheißungen für Sara und Abraham.

8. Dezember: Die Beschneidung (I)

Als Abram neunundneunzig Jahre alt war, erschien ihm der Herr und sprach zu ihm: Ich bin Gott, der Allmächtige. Geh deinen Weg vor mir und sei rechtschaffen! Ich will einen Bund stiften zwischen mir und dir und dich sehr zahlreich machen.

Abram fiel auf sein Gesicht nieder; Gott redete mit ihm und sprach: Das ist mein Bund mit dir: Du wirst Stammvater einer Menge von Völkern. Man wird dich nicht mehr Abram nennen. Abraham (Vater der Menge) wirst du heißen; denn zum Stammvater einer Menge von Völkern habe ich dich bestimmt. Ich mache dich sehr fruchtbar und lasse Völker aus dir entstehen; Könige werden von dir abstammen. Ich schließe meinen Bund zwischen mir und dir samt deinen Nachkommen, Generation um Generation, einen ewigen Bund: Dir und deinen Nachkommen werde ich Gott sein. Dir und deinen Nachkommen gebe ich ganz Kanaan, das Land, in dem du als Fremder weilst, für immer zu Eigen und ich will ihnen Gott sein.

Und Gott sprach zu Abraham: Du aber halte meinen Bund, du und deine Nachkommen, Generation um Generation. Das ist mein Bund zwischen mir und euch samt deinen Nachkommen, den ihr halten sollt: Alles, was männlich ist unter euch, muss beschnitten werden. Am Fleisch eurer Vorhaut müsst ihr euch beschneiden lassen. Das soll geschehen zum Zeichen des Bundes zwischen mir und euch. Alle männlichen Kinder bei euch müssen, sobald sie acht Tage alt sind, beschnitten werden in jeder eurer Generationen, seien sie im Haus geboren oder um Geld von irgendeinem Fremden erworben, der nicht von dir abstammt. Beschnitten muss sein der in deinem Haus Geborene und der um Geld Erworbene. So soll mein Bund, dessen Zeichen ihr an eurem Fleisch tragt, ein ewiger Bund sein. Ein Unbeschnittener, eine männliche Person, die am Fleisch ihrer Vorhaut nicht beschnitten ist, soll aus ihrem Stammesverband ausgemerzt werden. Er hat meinen Bund gebrochen.

(Gen 17,1-14)

Wort

Heute hören wir von einem erneuten Bundesschluss zwischen Abraham und Gott. Er beginnt mit einer Aufforderung, dass Abraham rechtschaffen sein soll auf seinem Weg vor Gott. Diese Ermahnung ist nach den Ereignissen in Ägypten und mit Hagar auch längst notwendig. Gott schließt mit Abraham einen neuerlichen Bund. Inhalt dieses Bundes sind die Nachkommen Abrahams und die Übereignung des Landes. Gott verbindet diesen Bundesschluss mit einer Namensänderung, nicht mehr Abram 'mein Vater (Gott) ist erhaben', sondern Abraham 'Vater der Menge'. Mit dieser Namensänderung ist Abraham endgültig ein Mann Gottes geworden.
Jetzt verlangt Gott aber auch eine Gegenleistung: Abraham soll den Bund mit Gott halten. Zeichen dieses Bundes ist die Beschneidung. Es ist ein körperliches, unauslöschliches Zeichen, dass Abraham und seine Nachkommen Gott gehören. Es soll ein Bund auf ewig sein.

Gedanken

Anders als in der archaisch anmutenden ersten Erzählung des Bundesschlusses, sehen wir hier einen Theologen am Werk, der ganz genau den Bund zwischen Abraham und Gott formuliert. Im Gegensatz zur ersten Schilderung hat der Bund zwischen Gott und Abraham jetzt vor allem die Nachkommen Abrahams im Blick. Seine Bestimmungen betreffen die aus Abrahams Sicht zukünftigen Generationen. Die Beschneidung macht jeden Mann zu einem Nachkommen Abrahams, gleichgültig woher er stammt. So wird ein Fremder zum Volksgenossen, wenn er sich beschneiden lässt, und ein Volksgenosse wird zum Fremden, wenn er die Beschneidung verweigert.
Wir kennen eine ähnliche Konzeption in der christlichen Taufe. Zwar gibt es dort keine Beschneidung, aber Taufe und Salbung werden zum unauslöschlichen Siegel. Dieses Siegel kann man nicht ablegen, auch wenn man sich später nicht mehr zur Gemeinschaft der Gläubigen zählt.

Außer der Beschneidung verlangt Gott keine Gegenleistung von Abraham und seinen Nachkommen. Ein Bund, der die Einhaltung von Gesetzen fordert, ist auch hier nicht geschlossen worden (anders als am Sinai). Allein das körperliche Zeichen ist Voraussetzung für den Bund.

In der Taufe gilt Ähnliches. Dem Täufling werden ohne Gegenleistung sämtliche Sünden vergeben. Gott nimmt seinen Bündnispartner ohne Vorbehalt an.

9. Dezember: Die Beschneidung (II)

Weiter sprach Gott zu Abraham: Deine Frau Sarai sollst du nicht mehr Sarai nennen, sondern Sara (Herrin) soll sie heißen. Ich will sie segnen und dir auch von ihr einen Sohn geben. Ich segne sie, sodass Völker aus ihr hervorgehen; Könige über Völker sollen ihr entstammen.

Da fiel Abraham auf sein Gesicht nieder und lachte. Er dachte: Können einem Hundertjährigen noch Kinder geboren werden und kann Sara als Neunzigjährige noch gebären? Dann sagte Abraham zu Gott: Wenn nur Ismael vor dir am Leben bleibt!

Gott entgegnete: Nein, deine Frau Sara wird dir einen Sohn gebären und du sollst ihn Isaak nennen. Ich werde meinen Bund mit ihm schließen als einen ewigen Bund für seine Nachkommen. Auch was Ismael angeht, erhöre ich dich. Ja, ich segne ihn, ich lasse ihn fruchtbar und sehr zahlreich werden. Zwölf Fürsten wird er zeugen und ich mache ihn zu einem großen Volk. Meinen Bund aber schließe ich mit Isaak, den dir Sara im nächsten Jahr um diese Zeit gebären wird. Als Gott das Gespräch beendet hatte, verließ er Abraham und fuhr zur Höhe auf.

Abraham nahm nun seinen Sohn Ismael sowie alle in seinem Haus Geborenen und alle um Geld Erworbenen, alle männlichen Personen vom Haus Abraham, und beschnitt das Fleisch ihrer Vorhaut noch am selben Tag, wie Gott ihm befohlen hatte. Abraham war neunundneunzig Jahre alt, als er am Fleisch seiner Vorhaut beschnitten wurde, und sein Sohn Ismael war dreizehn Jahre alt, als er am Fleisch seiner Vorhaut beschnitten wurde. Am selben Tag wurden Abraham und sein Sohn Ismael beschnitten. Auch alle Männer seines Hauses, die im Haus Geborenen und die um Geld von Fremden Erworbenen, wurden mit ihm beschnitten.

(Gen 17,15-27)

Wort

Nicht nur Abraham erhält einen neuen Namen, sondern auch Sara. Das ist insofern erwähnenswert, als dass Sara eine Frau ist. Gott ehrt also beide. Sara erhält auch einen eigenen Segensspruch. Ihre Nachkommen sind Könige über die Völker, sozusagen die Krone der Schöpfung.

Nun wird eine überraschende Begebenheit geschildert. Abraham fällt zwar zur Verehrung Gottes nieder, aber bei sich lacht er – genau wie es später Sara tut, als sie die Verheißung bei den Eichen von Mamre hört. Jetzt, nach so vielen Jahren der Hoffnung mag er doch nicht mehr glauben, dass er – ein Greis – noch zu einem Nachkommen von seiner Frau kommen wird, die auch schon nicht mehr gebärfähig ist.

Gott – so scheint es – kann Abrahams Zweifel verstehen – deshalb präzisiert er seine Verheißung. Sara wird einen Sohn mit Namen Isaak (etwa: Gott lachte) gebären. Er wird Träger der Bundesverheißung.

Abraham tut, was Gott ihm befiehlt. Er nimmt die Beschneidung vor, auch an Ismael.

Gedanken

Abraham tut sich mit dem Segen Gottes offensichtlich schwer. Auch wenn er Gott vertraut und deshalb viel gewagt hat, so ist er doch auch Realist. Er kennt die Grenzen der Natur und hält Gottes Zusage für sehr gewagt. Wenn ihm Ismael bleibt, wäre ihm auch schon geholfen.

Aber Gott gibt sich mit diesem, für uns durchaus sympathischen, Realismus des Abraham nicht zufrieden. Er will, dass Sara die Mutter von Abrahams Nachkommen wird. Deshalb sagt er Abraham einen Sohn innerhalb eines Jahres voraus.

Ob Abraham dies glauben kann, bleibt offen. Aber Abraham erfüllt Gottes Vorschrift der Beschneidung. Er tut, was Gott ihm aufgetragen hat, ohne zu wissen, möglicherweise auch ohne überzeugt zu sein, ob dieser Bund mit Gott seine Hoffnungen erfüllen wird.

Abraham hat trotz seiner Zweifel einen langen Atem. Bisher hat er nicht viel Konkretes von Gott erhalten, außer dass er keine Heimat mehr hat. Uns ergeht es oft auch so. Gottes Wirken und Verheißung lässt sich nicht so ohne weiteres konkret zeigen. Man könnte manchmal meinen, Gott hält mich hin.

Die Geschichte Abrahams wird zeigen, dass sich ein langer Atem manchmal lohnt. Zwar wird Gottes Verhalten gegenüber Abraham niemals erklärt, aber Gott erfüllt Abraham doch, was er ihm versprochen hat. Und er scheint es Abraham nicht übel zu nehmen, dass er manchmal die Geduld verliert.

10. Dezember: Gott zu Gast bei Abraham (I)

Der Herr erschien Abraham bei den Eichen von Mamre. Abraham saß zur Zeit der Mittagshitze am Zelteingang. Er blickte auf und sah vor sich drei Männer stehen. Als er sie sah, lief er ihnen vom Zelteingang aus entgegen, warf sich zur Erde nieder und sagte: Mein Herr, wenn ich dein Wohlwollen gefunden habe, geh doch an deinem Knecht nicht vorbei! Man wird etwas Wasser holen; dann könnt ihr euch die Füße waschen und euch unter dem Baum ausruhen. Ich will einen Bissen Brot holen und ihr könnt dann nach einer kleinen Stärkung weitergehen; denn deshalb seid ihr doch bei eurem Knecht vorbeigekommen. Sie erwiderten: Tu, wie du gesagt hast.
Da lief Abraham eiligst ins Zelt zu Sara und rief: Schnell drei Sea feines Mehl! Rühr es an und backe Brotfladen! Er lief weiter zum Vieh, nahm ein zartes, prächtiges Kalb und übergab es dem Jungknecht, der es schnell zubereitete. Dann nahm Abraham Butter, Milch und das Kalb, das er hatte zubereiten lassen, und setzte es ihnen vor. Er wartete ihnen unter dem Baum auf, während sie aßen. Sie fragten ihn: Wo ist deine Frau Sara? Dort im Zelt, sagte er. Da sprach der Herr: In einem Jahr komme ich wieder zu dir, dann wird deine Frau Sara einen Sohn haben. Sara hörte am Zelteingang hinter seinem Rücken zu.
Abraham und Sara waren schon alt; sie waren in die Jahre gekommen. Sara erging es längst nicht mehr, wie es Frauen zu ergehen pflegt. Sara lachte daher still in sich hinein und dachte: Ich bin doch schon alt und verbraucht und soll noch das Glück der Liebe erfahren? Auch ist mein Herr doch schon ein alter Mann!
Da sprach der Herr zu Abraham: Warum lacht Sara und sagt: Soll ich wirklich noch Kinder bekommen, obwohl ich so alt bin? Ist beim Herrn etwas unmöglich? Nächstes Jahr um diese Zeit werde ich wieder zu dir kommen; dann wird Sara einen Sohn haben. Sara leugnete: Ich habe nicht gelacht. Sie hatte nämlich Angst. Er aber sagte: Doch, du hast gelacht.

(Gen 18,1-15)

Wieder einmal erscheint Gott Abraham. Und wenn wir diese Erzählung mit der vorangehenden vergleichen, so fällt hier die Doppelung auf. Wiederum geht es darum, dass Abrahams Kinderwunsch endlich erfüllt wird.

In dieser Erzählung erscheint Gott dem Abraham in der Gestalt von drei Männern. Diese drei Männer werden in der orthodoxen Kirche als Hinweis auf die Dreifaltigkeit Gottes gedeutet. Abraham erkennt nicht, wer ihn da besucht. Jedenfalls werden die Drei mit dem nach orientalischem Gastrecht gebührenden Service empfangen: Wasser, Brot und Fleisch.

Dann fragen die Männer nach Sara und es folgt dieselbe Weissagung wie in der Geschichte zuvor: Sara wird ein Kind empfangen. Hier ist die Handlung brüchig, denn plötzlich ist nicht mehr von drei Männern die Rede, sondern von Gott. Und so wird es in der ganzen Geschichte bleiben.

Jetzt ist es Sara, die über die Weissagung lacht. Sie hat dieselben Einwände wie Abraham. In ihrem Alter kann man keine Kinder mehr empfangen.

Gedanken

Eine idyllische Szene spannt sich vor unseren Augen auf: Ein Zelt in der Wüste, drei Männer kommen an und werden vom Besitzer des Zeltes gastlich empfangen. Nachdem die Hektik der Ankunft verflogen ist, kommt man ins Gespräch. Und der Gast weiß, was Abraham am meisten auf dem Herzen liegt, nämlich einen Sohn von seiner Frau Sara zu erhalten.

Wir kennen so etwas auch. Da entwickeln sich plötzlich Gespräche, in denen der Himmel offen steht. Da könnte man auch sagen, Gott ist zu Gast, wie die drei Männer, die bei Abraham eingekehrt sind.

Manchmal können sich in solchen Gesprächen auch ganz neue Lösungsmöglichkeiten ergeben. Es kann einem ja so gehen wie Sara. Da trägt man ein Problem mit sich herum und man ist so verhärtet, so unfruchtbar wie die alte Sara und kann es nicht lösen. Und dann wird man wieder phantasievoll und fruchtbar durch so ein Gespräch. Dann weiß man, Gott war mit seinem Segen zu Gast und bei ihm ist nichts unmöglich.

11. Dezember: Gott zu Gast bei Abraham (II)

Die Männer erhoben sich von ihrem Platz und schauten gegen Sodom. Abraham wollte mitgehen, um sie zu verabschieden. Da sagte sich der Herr: Soll ich Abraham verheimlichen, was ich vorhabe? Abraham soll doch zu einem großen, mächtigen Volk werden, durch ihn sollen alle Völker der Erde Segen erlangen. Denn ich habe ihn dazu auserwählt, dass er seinen Söhnen und seinem Haus nach ihm aufträgt, den Weg des Herrn einzuhalten und zu tun, was gut und recht ist, damit der Herr seine Zusagen an Abraham erfüllen kann. Der Herr sprach also: Das Klagegeschrei über Sodom und Gomorra, ja, das ist laut geworden, und ihre Sünde, ja, die ist schwer. Ich will hinabgehen und sehen, ob ihr Tun wirklich dem Klagegeschrei entspricht, das zu mir gedrungen ist. Ich will es wissen.

Die Männer wandten sich von dort ab und gingen auf Sodom zu. Abraham aber stand noch immer vor dem Herrn. Er trat näher und sagte: Willst du auch den Gerechten mit den Ruchlosen wegraffen? Vielleicht gibt es fünfzig Gerechte in der Stadt: Willst du auch sie wegraffen und nicht doch dem Ort vergeben wegen der fünfzig Gerechten dort? Das kannst du doch nicht tun, die Gerechten zusammen mit den Ruchlosen umbringen. Dann ginge es ja dem Gerechten genauso wie dem Ruchlosen. Das kannst du doch nicht tun. Sollte sich der Richter über die ganze Erde nicht an das Recht halten?

Da sprach der Herr: Wenn ich in Sodom, in der Stadt, fünfzig Gerechte finde, werde ich ihretwegen dem ganzen Ort vergeben. Abraham antwortete und sprach: Ich habe es nun einmal unternommen, mit meinem Herrn zu reden, obwohl ich Staub und Asche bin.

Vielleicht fehlen an den fünfzig Gerechten fünf. Wirst du wegen der fünf die ganze Stadt vernichten? Nein, sagte er, ich werde sie nicht vernichten, wenn ich dort fünfundvierzig finde.

Er fuhr fort, zu ihm zu reden: Vielleicht finden sich dort nur vierzig. Da sprach er: Ich werde es der vierzig wegen nicht tun.

Und weiter sagte er: Mein Herr zürne nicht, wenn ich weiterrede. Vielleicht finden sich dort nur dreißig. Er entgegnete: Ich werde es nicht tun, wenn ich dort dreißig finde. Darauf sagte er: Ich habe es nun einmal unternommen, mit meinem Herrn zu reden.

Vielleicht finden sich dort nur zwanzig. Er antwortete: Ich werde sie um der zwanzig willen nicht vernichten.
Und nochmals sagte er: Mein Herr zürne nicht, wenn ich nur noch einmal das Wort ergreife. Vielleicht finden sich dort nur zehn. Und wiederum sprach er: Ich werde sie um der zehn willen nicht vernichten.
Nachdem der Herr das Gespräch mit Abraham beendet hatte, ging er weg und Abraham kehrte heim.

(Gen 18,16-33)

Wort

Die Geschichte wendet sich in ihrem zweiten Teil einem neuen Thema zu: die Bestrafung der gottlosen Stadt Sodom. Gott offenbart Abraham, dass er plane, Sodom zu vernichten. Dies soll eine Lehre sein, die Abraham seinen Nachkommen weitergeben soll. Niemals sollen sie Gottes Weg verlassen. Dann wird es ihnen ergehen wie Sodom.
Abraham beginnt mit Gott zu feilschen, obwohl er sich nicht ganz sicher ist, wie Gott darauf regieren wird. Aber Gott lässt sich auf den Handel ein. Wie viele Gerechte müssen in Sodom leben, damit Gott von seiner Vernichtung absieht?
Zehn Gerechte – soweit kommt Abraham mit seiner Feilscherei - müssen mindestens in Sodom leben. Diese Zahl erinnert an die zehn jüdischen Männer, die mindestens bei einem Synagogengottesdienst anwesend sein müssen. Möglicherweise steckt ja eine solche Überlegung hinter der Zahl Zehn. Es wäre aber auch denkbar, dass diese Zahl rein zufällig gewählt ist, und Gott sich nicht weiter auf den Handel einlässt. Aber Abraham hat erreicht, dass Gott seinen Plan abändert.

Gedanken

Abraham hat zu Gott ein sehr menschliches Verhältnis. Nicht nur, dass Gott Abraham besucht, in dieser Erzählung handeln beide auch miteinander.

Abrahams Argumentation, dass die Gerechten nicht dieselbe Strafe wie die Ungerechten erleiden dürfen, erinnert an das Gleichnis Jesu, in dem die Feinde des Feldbesitzers Unkraut zwischen das Korn säen. Der Besitzer verbietet seinen Knechten, das Unkraut vor der Ernte auszureißen, damit das Korn unbeschädigt bleibt.

Während es aber in dem Gleichnis darum geht, warum Gott Gute und Böse gleichermaßen auf dieser Welt leben lässt, will die Erzählung von Abrahams Verhandlung mit Gott etwas anderes sagen. Es ist möglich, Gott dazu zu bewegen, dass er seine Entschlüsse ändert. Gott ist dialogfähig. Er öffnet sich den Menschen und macht sich beeinflussbar. Aber Gott lässt sich nicht von seinem grundsätzlichen Beschluss abbringen. Abraham erreicht lediglich, dass die Bedingungen, unter denen Gottes Strafe in Kraft tritt, abgeschwächt werden. Auch das ist natürlich eine Spielart des Dialoges mit Gott. Wir denken da oft zu schwarz/weiß – Gott soll dies oder jenes tun bzw. nicht tun. Aber Gott kann natürlich viel mehr tun als schwarz oder weiß zu malen, er kennt wie wir alle Farben des Spektrums.

12. Dezember: Das Gericht über Sodom und die Rettung Lots

Die beiden Engel kamen am Abend nach Sodom. Lot saß im Stadttor von Sodom. Als er sie sah, erhob er sich, trat auf sie zu, warf sich mit dem Gesicht zur Erde nieder und sagte: Meine Herren, kehrt doch im Haus eures Knechtes ein, bleibt über Nacht und wascht euch die Füße! Am Morgen könnt ihr euren Weg fortsetzen. Nein, sagten sie, wir wollen im Freien übernachten. Er redete ihnen aber so lange zu, bis sie mitgingen und bei ihm einkehrten. Er bereitete ihnen ein Mahl, ließ ungesäuerte Brote backen und sie aßen.

Sie waren noch nicht schlafen gegangen, da umstellten die Einwohner der Stadt das Haus, die Männer von Sodom, Jung und Alt, alles Volk von weit und breit. Sie riefen nach Lot und fragten ihn: Wo sind die Männer, die heute Abend zu dir gekommen sind? Heraus mit ihnen, wir wollen mit ihnen verkehren.

Da ging Lot zu ihnen hinaus vor die Tür, schloss sie hinter sich zu und sagte: Aber meine Brüder, begeht doch nicht ein solches Verbrechen! Seht, ich habe zwei Töchter, die noch keinen Mann erkannt haben. Ich will sie euch herausbringen. Dann tut mit ihnen, was euch gefällt. Nur jenen Männern tut nichts an; denn deshalb sind sie ja unter den Schutz meines Daches getreten.

Sie aber schrien: Mach dich fort!, und sagten: Kommt da so ein einzelner Fremder daher und will sich als Richter aufspielen! Nun wollen wir es mit dir noch schlimmer treiben als mit ihnen. Sie setzten dem Mann, nämlich Lot, arg zu und waren schon dabei, die Tür aufzubrechen. Da streckten jene Männer die Hand aus, zogen Lot zu sich ins Haus und sperrten die Tür zu. Dann schlugen sie die Leute draußen vor dem Haus, Groß und Klein, mit Blindheit, sodass sie sich vergebens bemühten, den Eingang zu finden.

Die Männer sagten dann zu Lot: Hast du hier noch einen Schwiegersohn, Söhne, Töchter oder sonst jemand in der Stadt? Bring sie weg von diesem Ort! Wir wollen nämlich diesen Ort vernichten; denn schwer ist die Klage, die über die Leute zum Herrn gedrungen ist. Der Herr hat uns geschickt, die Stadt zu vernichten. Da ging Lot hinaus, redete auf seine Schwiegersöhne ein, die seine Töchter heiraten wollten, und sagte: Macht euch auf und verlasst diesen Ort; denn der Herr will die Stadt vernichten. Aber seine Schwiegersöhne meinten, er mache nur Spaß.

Als die Morgenröte aufstieg, drängten die Engel Lot zur Eile: Auf, nimm deine Frau und deine beiden Töchter, die hier sind, damit du nicht wegen der Schuld der Stadt hinweggerafft wirst. Da er noch zögerte, fassten die Männer ihn, seine Frau und seine beiden Töchter an der Hand, weil der Herr mit ihm Mitleid hatte, führten ihn hinaus und ließen ihn erst draußen vor der Stadt los. Während er sie hinaus ins Freie führte, sagte er: Bring dich in Sicherheit, es geht um dein Leben. Sieh dich nicht um und bleib in der ganzen Gegend nicht stehen! Rette dich ins Gebirge, sonst wirst du auch weggerafft.

Lot aber sagte zu ihnen: Nein, mein Herr, dein Knecht hat doch dein Wohlwollen gefunden. Du hast mir große Gunst erwiesen und mich am Leben gelassen. Ich kann aber nicht ins Gebirge fliehen, sonst lässt mich das Unglück nicht mehr los und ich muss sterben. Da, die Stadt in der Nähe, dorthin könnte man fliehen. Sie ist doch klein; dorthin will ich mich retten. Ist sie nicht klein? So könnte ich am Leben bleiben. Er antwortete ihm: Gut, auch das will ich dir gewähren und die Stadt, von der du sprichst, nicht zerstören. Schnell flieh dorthin; denn ich kann nichts unternehmen, bevor du dort angekommen bist. Deshalb nannte er die Stadt Zoar (Kleine).

Als die Sonne über dem Land aufgegangen und Lot in Zoar angekommen war, ließ der Herr auf Sodom und Gomorra Schwefel und Feuer regnen, vom Herrn, vom Himmel herab. Er vernichtete von Grund auf jene Städte und die ganze Gegend, auch alle Einwohner der Städte und alles, was auf den Feldern wuchs. Als Lots Frau zurückblickte, wurde sie zu einer Salzsäule.

Am frühen Morgen begab sich Abraham an den Ort, an dem er dem Herrn gegenübergestanden hatte. Er schaute gegen Sodom und Gomorra und auf das ganze Gebiet im Umkreis und sah: Qualm stieg von der Erde auf wie der Qualm aus einem Schmelzofen. Als Gott die Städte der Gegend vernichtete, dachte er an Abraham und ließ Lot mitten aus der Zerstörung fortgeleiten, während er die Städte, in denen Lot gewohnt hatte, von Grund auf zerstörte.

(Gen 19,1-29)

Wort

Lot hatte sich, wie wir in den ersten Episoden der Abrahamsgeschichte erfahren haben, in Sodom niedergelassen. Vielleicht war auch das ein Grund, warum Abraham die Zerstörung Sodoms verhindern wollte.

Nun sendet Gott zwei Engel nach Sodom, möglicherweise um die zehn Gerechten zu finden, die Gott und Abraham ausgehandelt haben. Nicht ganz zufällig treffen sie auf Lot, der ihnen seine Gastfreundschaft anbietet. Lot kann zu diesem Zeitpunkt noch nicht ahnen, was das für ihn bedeutet.

In Sodom scheint sich die Ankunft von Fremden schnell herumzusprechen. Vor dem Hause Lots versammeln sich Leute und verlangen die Herausgabe der Fremden. Die Sodomiten sind auf ungewöhnlichen Sex aus. Lot nimmt seine Gastfreundschaft derart ernst, dass es der johlenden Menge seine beiden jungfräulichen Töchter anbietet. Die Leute jedoch beginnen jetzt Lot zu misshandeln, der mit knapper Not in sein Haus gezogen werden kann.

Nun weiß Gott, es gibt außer Lot, der selbst Hinzugezogener ist, und seiner Familie keine Gerechten in Sodom. So drängen am kommenden Morgen zur Eile, damit Lot der Vernichtung entkommt. Lot weigert sich, ins Gebirge zu ziehen. Er ist ein Städter geworden, der auf die Infrastruktur einer Stadt nicht verzichten kann. Gott gewährt ihm den Wunsch, wieder in einer Stadt leben zu dürfen.

Die Vernichtung Sodoms ist vollständig. Nicht nur die Siedlung, sondern auch die Felder und alles, was zu Sodom gehört, wird zerstört. Die Geschichte erzählt hier den Ausbruch eines Vulkans.

Warum Lots Frau zur Salzsäule erstarrt, geht aus der Geschichte nicht hervor. Bis heute wird in der Wüste am Toten Meer, dort wird Sodom traditionsgemäß lokalisiert, ein Fels gezeigt, der 'Lots Frau' heißt.

Gedanken

Die Erzählung von der Zerstörung Sodoms ist eine echte Horrorgeschichte. Das Verhalten der Leute von Sodoms hat ihnen ja bis heute den Ruf eingebracht, sexuell besonders ausschweifend und unmoralisch zu sein. Sie achten weder das Gastrecht noch auf die von

der Natur gegebenen Grenzen. Denn das Alte Testament ist der Auffassung das schwul sein unnatürlich und damit gegen Gottes Schöpfungswillen ist.
Auch wenn wir das heute anders beurteilen, erschrecken wir vor der Gewalttätigkeit der Leute von Sodom. Ihre Gier nach den Fremden ist so groß, dass sie selbst Lots Töchter ablehnen.
Lot nimmt seine Gastfreundschaftspflicht sehr ernst. Er setzt nicht nur seine Töchter sondern auch sein eigenes Leben aufs Spiel, um die Fremden zu schützen. Auch wenn die Geschichte am Ende sagt, Gott habe Lot um Abrahams Willen gerettet, so zeigt doch Lots Handeln, dass er ein Gerechter ist, der nicht getötet werden darf.
Lot wäre um ein Haar zu einem Märtyrer geworden, weil er das Gebot Gottes ernster genommen hat, als alles Andere. Da Märtyrer immer Extremisten sind, fällt es schwer zu beurteilen, ob Lots Handeln richtig war. Dass er seine Töchter zur Verfügung stellt, ist aus heutiger Sicht vollkommen unverständlich.
Aber Gott rettet Lot. Er bewahrt ihn vor der gewalttätigen Menge und vor der Vernichtung der Stadt.

13. Dezember: Abraham in Gerar

Abraham brach von dort auf und zog in den Negeb. Er ließ sich zwischen Kadesch und Schur nieder und hielt sich in Gerar als Fremder auf. Abraham behauptete von Sara, seiner Frau: Sie ist meine Schwester. Da schickte Abimelech, der König von Gerar, hin und ließ Sara holen.

Nachts kam Gott zu Abimelech und sprach zu ihm im Traum: Du musst sterben wegen der Frau, die du dir genommen hast; sie ist verheiratet. Abimelech aber war ihr noch nicht nahe gekommen. Mein Herr, sagte er, willst du denn auch unschuldige Leute umbringen? Hat er mir nicht gesagt, sie sei seine Schwester? Auch sie selbst hat behauptet, er sei ihr Bruder. Mit arglosem Herzen und mit reinen Händen habe ich das getan.

Da sprach Gott zu ihm im Traum: Auch ich weiß, dass du es mit arglosem Herzen getan hast. Ich habe dich ja auch daran gehindert, dich gegen mich zu verfehlen. Darum habe ich nicht zugelassen, dass du sie anrührst. Jetzt aber gib die Frau dem Mann zurück; denn er ist ein Prophet. Er wird für dich eintreten, dass du am Leben bleibst. Gibst du sie aber nicht zurück, dann sollst du wissen: Du musst sterben, du und alles, was dir gehört.

Am Morgen stand Abimelech auf, ließ alle seine Untergebenen rufen und erzählte ihnen alles, was vorgefallen war. Da gerieten die Männer in große Furcht. Nun ließ Abimelech Abraham rufen und stellte ihn zur Rede: Was hast du uns angetan? Womit habe ich denn gegen dich gefehlt, dass du über mich und mein Reich eine so große Sünde bringst? Du hast mir etwas angetan, was man nicht tun darf. Und Abimelech fragte Abraham: Was hattest du vor, als du das tatest?

Abraham entgegnete: Ich sagte mir: Vielleicht gibt es keine Gottesfurcht an diesem Ort und man wird mich wegen meiner Frau umbringen. Übrigens ist sie wirklich meine Schwester, eine Tochter meines Vaters, nur nicht eine Tochter meiner Mutter; so konnte sie meine Frau werden. Als mich aber Gott aus dem Haus meines Vaters ins Ungewisse ziehen hieß, schlug ich ihr vor: Tu mir den Gefallen und sag von mir überall, wohin wir kommen: Er ist mein Bruder

Darauf nahm Abimelech Schafe, Ziegen und Rinder, Knechte und Mägde und schenkte sie Abraham. Auch gab er ihm seine Frau Sara zurück; dabei sagte Abimelech: Hier, mein Land steht dir offen. Wo es dir beliebt, da lass dich nieder!

Zu Sara aber sagte er: Da, ich gebe deinem Bruder tausend Silberstücke. Das soll allen Leuten in deiner Umgebung die Augen zudecken und vor allen erfährst du Genugtuung. Abraham trat für ihn bei Gott ein; da heilte Gott Abimelech, auch seine Frau und seine Dienerinnen, sodass sie wieder gebären konnten. Denn der Herr hatte im Haus Abimelech jeden Mutterschoß verschlossen wegen Sara, der Frau Abrahams.

Wort

Abraham ist wieder einmal ein Fremder, diesmal in Kanaan. Wieder wird erzählt, dass Abraham Sara als seine Schwester ausgibt und diesmal behauptet sie es auch von sich selbst.
Abimelech, ein fremder Herrscher, nimmt Sara zur Frau, aber Gott hindert ihn durch sein Erscheinen im Traum daran, mit Sara zu schlafen und so zum Sünder zu werden. Abraham begründet sein Tun mit seiner Angst, wegen Sara getötet zu werden.
Abimelech beschenkt Abraham reichlich, gewährt ihm sogar Freizügigkeit und wird durch Abraham von seiner Kinderlosigkeit geheilt.
Es ist schwer zu sagen, ob diese oder die zuerst erzählte Geschichte von Abraham, Sara und dem fremden König die ältere ist. Offensichtlich scheint sie ein viel erzähltes Motiv zu sein, das unterschiedlich ausgestaltet wurde. Möglicherweise ist aber die erste Fassung älter, als die zweite, die wie eine Rechtfertigung der ersten Erzählung wirkt. Darauf werden wir noch zurückkommen.

Gedanken

Die Begebenheit, dass Abraham Sara als seine Schwester ausgibt, kennen wir schon vom Beginn der Abrahamserzählung. Aber diesmal hat sie eine etwas andere Stimmung und eine andere Zeichnung der Figuren. Außerdem will der Erzähler alles ganz genau beschreiben. Er füllt die Leerstellen, die die erste Erzählung den Lesern lässt.

Abimelech nimmt sich also Sara, da er davon ausgeht, sie sei Abrahams Schwester. Und die Geschichte betont, dass er noch nicht mit ihr geschlafen, also keine Sünde begangen hat. Das ist ganz wichtig für das Ende der Erzählung, da ja ein Sünder nicht geheilt werden kann.

Abraham selbst wird in einem überaus positiven Licht geschildert. Er durfte mit Recht annehmen, dass es in der Fremde keine Gottesfurcht gibt. Zudem ist er ein Prophet, der bei Gott für seine Mitmenschen eintreten kann. (Übrigens eine sehr interessante Definition des Propheten nicht als Vorhersager sondern als Fürsprecher). Und außerdem hat Abraham ja gar nicht gelogen, da Sara wirklich seine Halbschwester ist (Ein sehr fragwürdiger Kunstgriff des Erzählers!). Ein solcher Mann kann einfach keine Fehler machen.

Die Krönung der Erzählung wird am Ende geschildert: Nicht nur, dass Abraham reich beschenkt wird, nein, er heilt Abimelech von seiner Kinderlosigkeit, mit der der König nur deshalb gestraft wird, weil er ohne Kenntnis des wahren Sachverhaltes Sara zur Frau nehmen wollte.

Insgesamt ist der Gang der Erzählung in dieser Fassung sehr abstrus. Was ist das nur für ein Gott, der den ganzen Gang der Welt um seinen Heiligen gruppiert? Auch wenn wir uns oft fragen, warum Gott nicht eingreift, so erscheint ein solcher Gott noch fragwürdiger. Der Gott dieser Erzählung ist willkürlich, entscheidet nach eigenem Gutdünken. Was wäre denn geschehen, hätte er Abimelech nicht aufgeklärt? Nach der Logik dieser Handlung hätte er sterben müssen, weil er gesündigt hat. Nicht Wissen hätte nicht vor Strafe geschützt. Das Gesetz scheint hier dem Einfluss Gottes entzogen zu sein. Gott kann nicht das Gesetz ändern, sondern nur die Strafe abwenden.

Positiv ist indes, dass Gott sich um die Menschen sorgt. Man könnte ja annehmen, dass Gott gar nicht anders kann, als seinen Liebling

Abraham aus allen Situationen zu befreien. Aber dabei verliert er auch die Anderen nicht aus dem Blick. So wird Abimelech nicht nur vor Strafe bewahrt, er wird auch befreit. Mit dieser Interpretation der Geschichte können wir sicher besser leben als mit dem Bild des willkürlichen Gottes und eines starren Gesetzes.

14. Dezember: Isaaks Geburt

Der Herr nahm sich Saras an, wie er gesagt hatte, und er tat Sara so, wie er versprochen hatte. Sara wurde schwanger und gebar dem Abraham noch in seinem Alter einen Sohn zu der Zeit, die Gott angegeben hatte.

Abraham nannte den Sohn, den ihm Sara gebar, Isaak. Als sein Sohn Isaak acht Tage alt war, beschnitt ihn Abraham, wie Gott ihm befohlen hatte.

Abraham war hundert Jahre alt, als sein Sohn Isaak zur Welt kam.

Sara aber sagte: Gott ließ mich lachen; jeder, der davon hört, wird mit mir lachen. Wer, sagte sie, hätte Abraham zu sagen gewagt, Sara werde noch Kinder stillen? Und nun habe ich ihm noch in seinem Alter einen Sohn geboren.

Das Kind wuchs heran und wurde entwöhnt. Als Isaak entwöhnt wurde, veranstaltete Abraham ein großes Festmahl.

(Gen 21,1–8)

Wort

Eine große Verheißung wird endlich war. Sara gebiert den Sohn, der ihr und Abraham von Gott versprochen wurde.

Diese Ereignisse, so betont die Geschichte, stellen ein großes Wunder dar, da Sara und Abraham uralt sind. Der Satz, dass Gott Sara lachen ließ, ist eine Etymologie des Namens Isaak, denn er bedeutet 'Gott lacht'.

Dieses Lachen ist zweideutig und es scheint, als würde die Geschichte es bewusst offen lassen, ob es ein Ausdruck der Freude oder des ungläubigen Staunens ist. Niemand hätte Abraham dieses Kind ernsthaft voraussagen können. Und so ist das Festmahl nur würdig und recht.

Gedanken

Welch ein Name 'Gott lacht'. Er ist so ungewöhnlich, dass er in der Geburtsgeschichte Issaks erklärt werden muss. Sara versteht diesen Namen als 'Gott ließ mich lachen', so als hätte Gott ihr Lachen, ihre Freude, ihr ungläubiges Staunen geradezu herausgefordert. Im Hebräischen ist es durchaus möglich, den Namen Isaak so zu verstehen.

Wenn Isaak aber 'Gott lacht' bedeutet, dann könnte es auch sein, dass Gott sich mit Sara und Abraham freut. Dann ist der Gott Abrahams auch ein Gott mit Humor.

Es scheint so, dass Sara dies durchaus glaubt, denn sie sagt, ein solches Ereignis, dass eine Alte noch ihr erstes Kind bekommt, ist zum Lachen. Das ist eine Ironie des Schicksals, das kann gar nicht vorkommen, das ist unglaublich. Da schüttelt man doch mit dem Kopf.

Aber gleichzeitig klingt viel Dankbarkeit in der Geschichte an. Abraham gibt ein Festmahl. Abraham und Sara wissen, dass die Geburt ihres Sohnes kein Treppenwitz der Geschichte ist, sondern ein unglaubliches Geschenk, das nur Gott geben kann. Sie wissen, dass Gott nicht mit ihnen spielt, dass sein Humor ihnen vielmehr unendliche Freude schenken konnte.

15. Dezember: Hagar und Ismael

Eines Tages beobachtete Sara, wie der Sohn, den die Ägypterin Hagar Abraham geboren hatte, umhertollte. Da sagte sie zu Abraham: Verstoß diese Magd und ihren Sohn! Denn der Sohn dieser Magd soll nicht zusammen mit meinem Sohn Isaak Erbe sein. Dieses Wort verdross Abraham sehr, denn es ging doch um seinen Sohn.

Gott sprach aber zu Abraham: Sei wegen des Knaben und deiner Magd nicht verdrossen! Hör auf alles, was dir Sara sagt! Denn nach Isaak sollen deine Nachkommen benannt werden. Aber auch den Sohn der Magd will ich zu einem großen Volk machen, weil auch er dein Nachkomme ist.

Am Morgen stand Abraham auf, nahm Brot und einen Schlauch mit Wasser, übergab beides Hagar, legte es ihr auf die Schulter, übergab ihr das Kind und entließ sie. Sie zog fort und irrte in der Wüste von Beerscheba umher. Als das Wasser im Schlauch zu Ende war, warf sie das Kind unter einen Strauch, ging weg und setzte sich in der Nähe hin, etwa einen Bogenschuss weit entfernt; denn sie sagte: Ich kann nicht mit ansehen, wie das Kind stirbt. Sie saß in der Nähe und weinte laut.

Gott hörte den Knaben schreien; da rief der Engel Gottes vom Himmel her Hagar zu und sprach: Was hast du, Hagar? Fürchte dich nicht, Gott hat den Knaben dort schreien gehört, wo er liegt. Steh auf, nimm den Knaben und halt ihn fest an deiner Hand; denn zu einem großen Volk will ich ihn machen.

Gott öffnete ihr die Augen und sie erblickte einen Brunnen. Sie ging hin, füllte den Schlauch mit Wasser und gab dem Knaben zu trinken. Gott war mit dem Knaben. Er wuchs heran, ließ sich in der Wüste nieder und wurde ein Bogenschütze. Er ließ sich in der Wüste Paran nieder und seine Mutter nahm ihm eine Frau aus Ägypten.

(Gen 21,9-21)

Wort

Der Bruch zwischen Sara und Hagar ist endgültig: Da Sara eifersüchtig ist und um die Vorrangstellung ihres Sohnes fürchtet, will sie, dass Abraham Hagar und Ismael jetzt verstößt.
Abraham, der doch Vater von beiden ist, zögert. Aber auf Gottes Geheiß, entlässt er Hagar, da Ismael als Kind Abrahams dieselbe Verheißung in sich trägt wie Isaak. Auch er soll ein großes Volk werden.
Wieder geht Hagar in die Wüste und wie schon einmal wird sie von Gott beschützt. Die letzten Sätze über Ismael verraten etwas über das Bild, das der Verfasser der Geschichte über die Araber hat, dessen Stammvater ja Ismael ist. Die Araber sind Wüstenbewohner, Bogenschützen und irgendwie mit den Ägyptern verwandt. Gerade diesen letzten Punkt würden die Ägypter ganz anders sehen. Aber im Gebiet zwischen Israel und dem Nil-Delta gab es wohl viele Nomaden und irgendwie scheint der Verfasser unserer Erzählung die Berührungspunkte zwischen ihnen und den Ägyptern so zu deuten, dass sie miteinander verwandt seien.

Gedanken

Nach der Freude über Isaaks Geburt ändert sich in dieser Erzählung wieder die Stimmung. Die Konkurrenz zwischen Hagar und Sara führt zu einem neuen Konflikt. Der Leser spürt: diese beiden Völker, für die Isaak und Ismael ja stehen, können nicht an einem Ort leben, sie sind feindliche Brüder. Anders als Abraham und Lot oder Jakob und Esau ist unter ihnen keine Verständigung und Versöhnung möglich.
Aber, so sagt die Erzählung, sie sind trotz allem Brüder. Auch wenn Isaak der Bevorzugte ist, trägt Ismael dieselbe Verheißung in sich. Und Gott regelt auch diesmal alles so, dass beide Brüder leben können.
Hagar muss fort in die Wüste, die lebensfeindliche Welt. Dort sorgt Gott für sie. Die Szene erinnert ein wenig an die Erzählung von Elija in der Wüste. Wie der große Prophet, ist auch Hagar in einer Sackgasse, weiß nicht ein noch aus. Gott gibt ihr zu trinken und sichert so Ismaels Zukunft.
In der gesamten Erzählung wird niemand negativ dargestellt. Alles

scheint so zu geschehen, wie Gott es vorausplant und jedes Ereignis ist richtig und gut. Saras Eifersucht und Angst wird von Gott nicht verurteilt, sondern Gott gibt Sara gegenüber Abraham Recht. Hagar muss gehen und sich in eine neue Situation einfinden.

Dieser Erzählgang sperrt sich ein wenig gegen die Vorstellung, dass Gott auf der Seite der Schwachen sei. Sicher, er steht zu seiner Verheißung und begleitet Hagar. Aber er verurteilt nicht Sara, die ja Hagars Notlage verursacht. Gott steht genauso auch Saras Seite und nimmt ihre Ängste ernst.

Insgesamt wird hier also sehr stark harmonisiert, so dass diese Geschichte auch Unbehagen hinterlässt. Wird Sara vom Erzähler zu stark in Schutz genommen? Die Erzählperspektive jedenfalls steht zuallererst auf Seiten Saras, Abrahams und Isaaks. Das Schicksal Hagars und Ismael wird um diesen Kern gruppiert. Ismael, obwohl im Kern dieser Erzählung stehend, ist insgesamt eine Randfigur, für die Gott sozusagen auch noch etwas übrig hat, aber letztlich wird, wie schon in der Geschichte mit Lot, alles so geordnet, dass Abraham und sein Nachkomme Isaak von Gott am besten bedacht werden.

16. Dezember: Der Vertrag Abrahams mit Abimelech

Um jene Zeit sagten Abimelech und sein Feldherr Pichol zu Abraham: Gott ist mit dir bei allem, was du unternimmst. Aber nun schwör mir hier bei Gott, dass du weder mich noch meinen Thronerben noch meine Nachfahren hintergehen wirst. Das gleiche Wohlwollen, das ich dir erwiesen habe, sollst du mir erweisen und dem Land, in dem du dich als Fremder aufhältst.

Abraham erwiderte: Gut, ich will den Eid leisten. Abraham stellte aber Abimelech zur Rede wegen des Brunnens, den ihm Abimelechs Knechte weggenommen hatten. Abimelech antwortete: Ich weiß nicht, wer das getan hat. Du hast es mir noch nicht gemeldet und auch ich habe erst heute davon gehört.

Da nahm Abraham Schafe und Rinder und gab sie Abimelech; so schlossen beide einen Vertrag. Abraham stellte aber sieben Lämmer der Herde beiseite. Da fragte ihn Abimelech: Was sollen die sieben Lämmer da, die du beiseite gestellt hast? Die sieben Lämmer, sagte er, sollst du von mir annehmen als Beweis dafür, dass ich diesen Brunnen gegraben habe. Darum nannte er den Ort Beerscheba (Siebenbrunn oder Eidbrunn); denn dort leisteten beide einen Eid. Sie schlossen also zu Beerscheba einen Vertrag. Dann machten sich Abimelech und sein Feldherr Pichol auf und kehrten ins Philisterland zurück.

Abraham aber pflanzte eine Tamariske in Beerscheba und rief dort den Herrn an unter dem Namen: Gott, der Ewige. Darauf hielt sich Abraham längere Zeit als Fremder im Philisterland auf.

(Gen 21,22-34)

Wort

Wieder kommt Abimelech in den Blick. Der kanaanäische König, mit dem Abraham in Frieden lebt, möchte mit Abraham einen Vertrag abschließen. Abraham wird hier wieder als ein Mann Gottes dargestellt und Abimelech weiß, dass Abraham sein Bündnis mit Gott auch gegen ihn einsetzen könnte. Aus diesem Grund will er Abraham lieber als Verbündeten denn als Feind.
Der Vertrag soll in Beerscheba besiegelt werden. So wie es im Alten Orient üblich ist, werden Schafe und Rinder geschlachtet, einige Fleischstücke wohl auch geopfert, und man isst zusammen.
Da es um Beerscheba Streit gibt, wird dieser gleichzeitig beigelegt. Der Verfasser nutzt diese Passage, um eine Etymologie für Beerscheba (Siebenbrunnen / Eidbrunnen, die hebräische Wurzel šb^{c} ist homonym und bedeutet „schwören“ einer- und „sieben“ andererseits).

Gedanken

Gott ist mit Abraham. Dass Gott sich durch seinen Bund jedoch so an Abraham gebunden hat, dass dieser ihn als Drohung gegen Andere einsetzen kann, widerspricht unserer Gottesvorstellung.
Wir haben keinen exklusiven Anspruch auf Gott, denn unser Gott ist ein Gott aller Menschen. Niemand steht außerhalb der Zuwendung Gottes, so dass Gott sich nicht dem einen bedingungslos zu-, dem anderen aber total abwenden wird. Auch wenn manche Menschen sich total von Gott abwenden, bedeutet dies nicht umgekehrt, dass Gott sich nur mit denen verbündet, die sich mit ihm verbunden haben.
Gottes Ordnung, so glauben wir, ist eine Heilsordnung. Das heißt, wenn wir uns so verhalten, wie es Gottes Wille entspricht, dann werden wir Menschen und sind, allein durch die Wirkung unseres Handelns fast schon erlöst. Und 'Mensch' ist die Grundverfassung eines Jeden, der diesen Namen trägt und als Mensch geboren wurde. Diese, wenn auch oft sehr gebrochen verwirklichte Grundverfasstheit, kann uns nicht genommen werden. Auch Gott hat sich selbst diese von ihm geschenkte Gabe unverfügbar gemacht. Aus diesem Grund kann sich Gott nicht so gegen seine Menschen richten, wie Abimelech es

befürchtet.

Die Erzählung zeigt aber noch etwas Anderes: Abraham lebt in Abimelechs Land als Fremder. Gottes Verheißung, dass Abraham Land erhalten wird, ist jetzt noch nicht erfüllt. Abraham bleibt weiter ruhelos. Anstatt in dem Land zu bleiben, in dem er in Frieden leben kann, geht er zu den Philistern. Für den Erzähler der Geschichte schwingt beim Namen 'Philister' die Feindschaft zu Israel sicherlich mit.

17. Dezember: Abrahams Opfer (I)

Nach diesen Ereignissen stellte Gott Abraham auf die Probe. Er sprach zu ihm: Abraham! Er antwortete: Hier bin ich. Gott sprach: Nimm deinen Sohn, deinen einzigen, den du liebst, Isaak, geh in das Land Morija und bring ihn dort auf einem der Berge, den ich dir nenne, als Brandopfer dar.

Frühmorgens stand Abraham auf, sattelte seinen Esel, holte seine beiden Jungknechte und seinen Sohn Isaak, spaltete Holz zum Opfer und machte sich auf den Weg zu dem Ort, den ihm Gott genannt hatte. Als Abraham am dritten Tag aufblickte, sah er den Ort von weitem.

Da sagte Abraham zu seinen Jungknechten: Bleibt mit dem Esel hier! Ich will mit dem Knaben hingehen und anbeten; dann kommen wir zu euch zurück. Abraham nahm das Holz für das Brandopfer und lud es seinem Sohn Isaak auf. Er selbst nahm das Feuer und das Messer in die Hand. So gingen beide miteinander.

Nach einer Weile sagte Isaak zu seinem Vater Abraham: Vater! Er antwortete: Ja, mein Sohn! Dann sagte Isaak: Hier ist Feuer und Holz. Wo aber ist das Lamm für das Brandopfer? Abraham entgegnete: Gott wird sich das Opferlamm aussuchen, mein Sohn. Und beide gingen miteinander weiter.

Als sie an den Ort kamen, den ihm Gott genannt hatte, baute Abraham den Altar, schichtete das Holz auf, fesselte seinen Sohn Isaak und legte ihn auf den Altar, oben auf das Holz.

(Gen 22,1–9)

Wort

Die heutige Erzählung ist sehr bekannt. Gott stellt Abraham auf die Probe. Er befiehlt, Isaak zu opfern.
Und Abraham tut das, was er immer auf Gottes Befehle hin getan hat. Er folgt ganz einfach ohne zu fragen. Er trifft alle Vorbereitungen und macht sich auf.
Kurz bevor er das Ziel erreicht, lässt er bis auf Isaak all seine Begleiter zurück. Dieser – nicht auf den Kopf gefallen – fragt nach dem Opfertier. Abraham verweist ihn auf Gott, der werde sich sein Opfer schon aussuchen. Am Ort des Geschehens angekommen, wird – nach allen Vorbereitungen – Isaak auf den Altar gelegt. Den Rest der Erzählungen hören wir morgen.

Gedanken

Über die Geschichte von Abrahams Opfer ist schon sehr viel nachgedacht worden: Gott stelle Abraham auf die Probe und zeige sich hier zynisch und willkürlich.
Aber das wird offensichtlich nur vom Leser so wahrgenommen. Abraham scheint Gottes Befehl nicht so sehr zu irritieren. Er hat mit Gott derart gute Erfahrungen gemacht, dass er ihm vertraut. Etwas Gutes muss Gottes Befehl schon haben.
Abraham will also seinen einzigen Sohn, wie die Erzählung eigens betont, opfern. Ganz präzise beschreibt die Geschichte, wie er dafür seine Vorbereitungen trifft. Besonders interessant ist die Schilderung, wie sich Isaak mit Abraham allein auf die letzte Etappe begeben. Isaak trägt das Holz, Abraham aber Messer und Feuer. Abraham hat also die Handlung im Griff, er ist ganz bei sich, fest entschlossen und bei voller Besinnung. Kein Zeichen von Verzweiflung und Trauer lässt er erkennen. Ganz im Gegenteil: Als Isaak schon ein wenig misstrauisch wird, verweist Abraham auf Gott. Er wird schon wissen, was er von Abraham verlangt.
Gott fordert den zurück, den er Abraham gegeben hat. Denn eins machen ja die vorangegangenen Erzählungen um Isaaks Verheißung und Geburt deutlich: dieses Kind ist eine Gabe Gottes, nicht aus dem

Willen Saras und Abrahams gezeugt, sondern durch Gottes Eingreifen. Abraham hat also Gott gegenüber kein Rechtsanspruch auf Isaak. Andererseits ist da der Bund zwischen Abraham und Gott. Auch Gott hat sich an seinen Teil des Vertrages zu halten, nämlich Abraham zu einem großen Volk zu machen. Vielleicht nimmt Abraham an, dass vor Gott nichts unmöglich ist, wie Isaaks wunderbare Geburt ja gezeigt hat und Gott deshalb Abraham wieder einen Sohn schenken könnte.

Auch wir kennen manchmal Situationen, in denen Gott uns mehr als unverständlich erscheint. Dies ist besonders dann der Fall, wenn es keinen Ausweg gibt und man nur zwischen mehr oder weniger Schlechtem wählen kann. So geht es ja auch Abraham. Verweigert er Gott seinen Sohn, steht er nicht mehr in Gottes Gunst, folgt er Gottes Befehl, verliert er seinen einzigen Sohn.

Dennoch vertraut Abraham darauf, dass es eine Lösung geben wird, an der Gott mitwirkt. Er sieht noch nicht den Sinn der Geschichte, aber er glaubt, dass Gott sie zu einem guten Ende führen wird.

Vielleicht reicht es ja manchmal aus, die Hoffnung auf ein gutes Ende nicht zu verlieren und Gottes Möglichkeiten wirken zu lassen, auch wenn er uns fremd scheint.

18. Dezember: Abrahams Opfer (II)

Schon streckte Abraham seine Hand aus und nahm das Messer, um seinen Sohn zu schlachten. Da rief ihm der Engel des Herrn vom Himmel her zu: Abraham, Abraham! Er antwortete: Hier bin ich.

Jener sprach: Streck deine Hand nicht gegen den Knaben aus und tu ihm nichts zuleide! Denn jetzt weiß ich, dass du Gott fürchtest; du hast mir deinen einzigen Sohn nicht vorenthalten.

Als Abraham aufschaute, sah er: Ein Widder hatte sich hinter ihm mit seinen Hörnern im Gestrüpp verfangen. Abraham ging hin, nahm den Widder und brachte ihn statt seines Sohnes als Brandopfer dar. Abraham nannte jenen Ort Jahwe-Jire (Der Herr sieht), wie man noch heute sagt: Auf dem Berg lässt sich der Herr sehen.

Der Engel des Herrn rief Abraham zum zweiten Mal vom Himmel her zu und sprach: Ich habe bei mir geschworen – Spruch des Herrn: Weil du das getan hast und deinen einzigen Sohn mir nicht vorenthalten hast, will ich dir Segen schenken in Fülle und deine Nachkommen zahlreich machen wie die Sterne am Himmel und den Sand am Meeresstrand. Deine Nachkommen sollen das Tor ihrer Feinde einnehmen. Segnen sollen sich mit deinen Nachkommen alle Völker der Erde, weil du auf meine Stimme gehört hast.

Darauf kehrte Abraham zu seinen Jungknechten zurück. Sie machten sich auf und gingen miteinander nach Beerscheba. Abraham blieb in Beerscheba wohnen.

(Gen 22,10-19)

Wort

Dramatischer könnte die Szene nicht sein: In dem Augenblick als Abraham seinen Sohn opfern möchte, greift Gott ein. Abraham hat seine Probe bestanden. Er enthält seinen Sohn Gott nicht vor zeigt damit, dass er weiß, dass Isaak ein Geschenk Gottes ist.
Statt des Sohnes wird nun ein zufällig entdeckter Widder geopfert. Das Menschenopfer wird durch ein Tieropfer ersetzt. So interpretieren Religionsgeschichtler diese Szene. Der Autor verbindet sie mit einer Ortsetymologie: Jahwe-Jire: Gott hat sich hier sehen lassen.
Wieder führt Abrahams Treue gegenüber Gott zu einer Verheißung: Segen und starke Nachkommenschaft in Fülle.

Gedanken

Es kommt zu der – vielleicht auch von Abraham – erhofften Wende. Isaak braucht nicht geopfert zu werden. Gott greift ein, stiftet einen Widder und schenkt Abraham seinen Sohn zurück.
Hier stellt sich die Frage von gestern erneut: Ist Gott ein zynischer willkürlicher Gott? Ich glaube nicht, denn es geht ja nicht darum, Abrahams Glauben grundsätzlich auf die Probe zu stellen. Abraham soll nicht eine Marionette Gottes werden.
Gott sagt zu Abraham nicht: 'Jetzt weiß ich, dass Du alles tust, was ich von dir verlange' sondern: 'Jetzt weiß ich, dass Du Gott fürchtest'. Abraham zeigt, dass er Gott vertraut, von ihm alles erwartet. Was er erwarten kann und darf, ist nicht Unsicherheit, sondern reiche Fülle.
Abraham stellt sein Ein und Alles in Gottes Hand. Damit übereignet er letztlich Israel Gott. Das auserwählte Volk ist ganz in seiner Hand, wie auch Ezechiel sagt: 'Ich habe dich in meine Hand geschrieben, mein bist Du'.
Gott könnte dieses Volk, wenn er wollte, der Vernichtung preisgeben, aber er tut es nicht und wird es niemals tun. Auch wenn sich Israel seinem Gott widersetzt, Gott wird treu sein und zu seinen Verheißungen stehen, die er einst dem Abraham gab.
Diese letzte Verheißung zahlreicher Nachkommen hat etwas Endgültiges. Jetzt sind sämtliche Zweifel zwischen Gott und Abraham

ausgeräumt. Beide haben sich an ihren Teil des Vertrages gehalten und nun kann die Zukunft beginnen.

Für uns ist es zumeist nicht so klar, wie unser Bund mit Gott aussieht. Als Nachkommen Abrahams, als die wir auch uns begreifen können, können wir uns auf diesen Stammvater berufen. Gottes Verheißung an Abraham gilt auch für uns. Gottes Treue war, ist und bleibt unverbrüchlich. Gott steht zu den Kindern Abrahams, sowohl dem Alten als auch dem Neuen Zweig.

19. Dezember: Saras Tod und Grabstätte

Die Lebenszeit Saras betrug hundertsiebenundzwanzig Jahre; so lange lebte Sara. Sie starb in Kirjat-Arba, das jetzt Hebron heißt, in Kanaan. Abraham kam, um die Totenklage über sie zu halten und sie zu beweinen.

Danach stand Abraham auf, ging von seiner Toten weg und redete mit den Hetitern. Er sagte: Fremder und Halbbürger bin ich unter euch. Gebt mir ein Grab bei euch als Eigentum, damit ich meine Tote hinausbringen und begraben kann.

Die Hetiter antworteten Abraham: Hör uns an, Herr! Du bist ein Gottesfürst in unserer Mitte. In der vornehmsten unserer Grabstätten darfst du deine Tote begraben. Keiner von uns wird dir seine Grabstätte versagen und deiner Toten das Begräbnis verweigern.

Abraham aber stand auf, verneigte sich tief vor den Bürgern des Landes, den Hetitern, verhandelte mit ihnen und sagte: Wenn ihr damit einverstanden seid, dass ich meine Tote hinausbringe und begrabe, dann hört mich an und setzt euch für mich ein bei Efron, dem Sohn Zohars! Er soll mir die Höhle von Machpela überlassen, die ihm gehört, am Rand seines Grundstücks. Zum vollen Geldwert soll er sie mir überlassen als eigene Grabstätte mitten unter euch.

Efron saß unter den Hetitern. Der Hetiter Efron antwortete Abraham, sodass es die Hetiter, alle, die zum Tor seiner Stadt Zutritt hatten, hören konnten: Nein, Herr, hör mich an: Das Grundstück überlasse ich dir und die Höhle darauf überlasse ich dir; in Gegenwart der Söhne meines Volkes überlasse ich sie dir. Begrab deine Tote!

Da verneigte sich Abraham tief in Gegenwart der Bürger des Landes und sagte zu Efron, sodass es die Bürger des Landes hören konnten: Hör mich doch, bitte, an: Ich zahle das Geld für das Grundstück. Nimm es von mir an, damit ich dort meine Tote begrabe.

Efron antwortete Abraham: Herr, hör mich an! Land im Wert von vierhundert Silberstücken, was bedeutet das schon unter uns? Begrab nur deine Tote!

Abraham hörte auf Efron und wog ihm den Geldbetrag ab, den er in Gegenwart der Hetiter genannt hatte, vierhundert Silberstücke zum üblichen Handelswert. So ging das Grundstück Efrons in Machpela bei Mamre, das Feld mit der Höhle darauf und mit allen Bäumen auf dem Grundstück in seiner ganzen Ausdehnung ringsum, in den Besitz Abrahams über, in Gegenwart der Hetiter, aller, die zum Tor seiner Stadt Zutritt hatten. Dann begrub Abraham seine Frau Sara in der Höhle des Grundstücks von Machpela bei Mamre, das jetzt Hebron heißt, in Kanaan. Das Grundstück samt der Höhle darauf war also von den Hetitern als Grabstätte in den Besitz Abrahams übergegangen.

(Gen 23,1-20)

Wort

Sara stirbt im gesegneten Alter von 127 Jahren in Hebron und Abraham möchte sie begraben.
Noch einmal wird er mit den Problemen konfrontiert, als Fremder im Land seiner Verheißung zu leben. Abraham besitzt kein Land, wo er Sara eine bleibende Grabstätte bereiten könnte.
Deshalb verhandelt er mit den Hetitern. Diese bezeichnen Abraham als Gottesfürst. Ein größeres Ansehen könnte Abraham gar nicht genießen und deshalb ist es für die Hetiter eine Ehre, wenn Abraham seine Frau auf ihrem Territorium begräbt.
Diese Situation führt zu einer interessanten Verhandlung. Abraham will unter keinen Umständen, dass ihm Efron die Höhle von Machpela schenkt. Er zahlt, wie die Geschichte mehrfach betont den handelsüblichen Preis und erwirbt so erstmals Land: 'Das Grundstück samt der Höhle darauf war also... in den Besitz Abrahams übergegangen.'

Gedanken

Das Ende eines Nomadenlebens: Sara stirbt in gesegnetem Alter und hat keinen Ort, an dem sie ewig ruhen darf.
Erst jetzt beginnt sich die zweite Verheißung Gottes an Abraham zu erfüllen. Abraham soll ja das Land zu Eigen erhalten, in dem er so heimatlos umherzieht. Aus diesem Grund geht es der Erzählung vor allem darum, zu zeigen, dass Abraham das Land rechtmäßig erwirbt und nicht als Geschenk erhält.
Bis heute ist diese Erzählung Grundlage eines der schlimmsten Konflikte zwischen Israelis und Palästinenser. Hebron gehört nach den Verträgen von Oslo zu Palästina, aber mitten in der Stadt halten sich extremistische Israelis verschanzt, die verlangen, dass Hebron israelisch bleibt. Ihre Stammsiedlung nannten sie Kirjat-Arba – nicht ohne Hintergedanken.
Aber zurück zu Erzählung: Abraham erwirbt also Land. Durch den Tod seiner Frau wird er in der Fremde heimisch. Warum dies erst jetzt geschieht, verrät der Gang der Erzählung nicht. Aber es ist eine dringende Situation und sozusagen die letzte Gelegenheit, dass sich Gottes zweite Verheißung erfüllt.
Das ist eine Parallele zur Erfüllung des Versprechens der Nachkommenschaft. Auch hier wird erst in letzter Minute Isaak geboren. Es scheint Abrahams Schicksal zu sein, dass Gott ihn nicht nur mit einem langen Leben belohnt, sondern ihm auch große Geduldsproben zumutet.
Gottes Atem ist lang und das nicht nur, um Menschen eine Chance zur Bekehrung zu geben. Wir können das Abraham gut nachfühlen. Gott greift auch in unserer Welt nicht unbedingt spontan und sofort ein, sondern lässt sich Zeit.
So könnte uns Abraham Mut machen, dass sich der Weg mit Gott lohnt, auch wenn er langwierig und mühselig ist. Vielleicht deutet die Erzählung auch schon an, dass die letzte große Erfüllung sich nicht in diesem Leben ereignet, sondern im jenseitigen.

20. Dezember: Isaak und Rebekka (I)

Abraham war alt und hochbetagt; der Herr hatte ihn mit allem gesegnet. Eines Tages sagte er zum Großknecht seines Hauses, der seinen ganzen Besitz verwaltete: Leg deine Hand unter meine Hüfte! Ich will dir einen Eid beim Herrn, dem Gott des Himmels und der Erde, abnehmen, dass du meinem Sohn keine Frau von den Töchtern der Kanaaniter nimmst, unter denen ich wohne. Du sollst vielmehr in meine Heimat zu meiner Verwandtschaft reisen und eine Frau für meinen Sohn Isaak holen.

Der Knecht entgegnete ihm: Vielleicht will aber die Frau mir gar nicht hierher in dieses Land folgen. Soll ich dann deinen Sohn in das Land zurückbringen, aus dem du ausgewandert bist?

Hüte dich, antwortete ihm Abraham, meinen Sohn dorthin zurückzubringen! Der Herr, der Gott des Himmels, der mich weggeholt hat aus dem Haus meines Vaters und aus meinem Heimatland, der zu mir gesagt und mir geschworen hat: Deinen Nachkommen gebe ich dieses Land!, er wird seinen Engel vor dir hersenden und so wirst du von dort eine Frau für meinen Sohn mitbringen. Wenn dir aber die Frau nicht folgen will, dann bist du von dem Eid, den du mir geleistet hast, entbunden. Meinen Sohn darfst du auf keinen Fall dorthin zurückbringen.

Da legte der Knecht seine Hand unter die Hüfte seines Herrn Abraham und leistete ihm in dieser Sache den Eid.

(Gen 24,1-9)

Wort

Die heutige Erzählung hat nur bedingt etwas mit der Abrahamsgeschichte zu tun, aber sie ist in sie eingewoben, sozusagen als Beginn ihrer Fortsetzung.

Wieder ergibt sich eine neue Schwierigkeit auf Abrahams Weg. Isaak braucht eine Frau, aber diese darf auf keinen Fall aus Kanaan kommen. Andererseits darf Isaak aber nicht weg aus diesem Land, da es das verheißene Land ist.

So sendet Abraham seinen Großknecht, für Isaak eine Frau zu suchen. Wieder entgegnet Abraham allen Zweifeln, die durchaus vernünftig klingen, mit seinem über die vielen Ereignisse immer mehr gewachsene Gottvertrauen. Abraham nimmt seinem Großknecht, sozusagen seinem Geschäftsführer, einen Eid ab und der Knecht macht sich auf eine lange und gefährliche Reise.

Gedanken

Diese lange Erzählung, die uns vier Tage lang begleiten wird, beginnt mit einer eigenartigen Vorstellung, die viel über das Selbstverständnis Israels sagt: Isaak stammt nicht aus Kanaan, verheiratet sich nicht mit ihm, lebt aber in ihm, da es ihm verheißen ist.

Israel ist etwas Besonderes, es hat nichts gemein mit den Völkern, die ihm benachbart sind, es ist herausgehoben. Dieses Bild wird an vielen Stellen im Alten Testament beschworen, vor allem da, wo Israel so sein will, wie die anderen Völker.

Es ist nicht einfach, besonders zu sein. Das hat auch Abraham immer wieder erleben müssen. Trotz aller Hochschätzung, die ihm entgegengebracht wird, bleibt er ein heimatloser Außenseiter. Er kann sich gar nicht mit den Menschen seiner näheren Umgebung einlassen. Das zeigt auch diese Geschichte, denn eigentlich gibt es keinen vernünftigen Grund, warum Isaak keine einheimische Frau heiraten sollte. Abraham schickt seinen besten Mitarbeiter auf eine lange und gefährliche Reise und muss – wieder einmal – sein Gottvertrauen bemühen. Denn es ist ja vollkommen unvernünftig anzunehmen, eine

Frau nähme das Risiko auf sich, in ein fremdes und so weit entferntes Land zu kommen.

Abraham weiß, dass sich dieses Besonders-Sein aber auch lohnt. Er ist nicht ohne Grund anders als die Anderen. Er ist einer, dem letztlich alles gelingt und der mit Gott verbunden ist. Er erreicht ein 'biblisches' Alter, und das bedeutet im Orient nichts anders, als dass er ebenso weise wie alt ist.

Abraham hat also ein Stadium unendlicher menschlicher Reife und Reichtums erreicht. Gott scheint sozusagen durch ihn hindurch. So haben es die Hetiter, Abimelech und auch schon Melchisedek gesehen. Damit ist Abraham Urmodell des heiligen Menschen. Man kann dieses Heilig-Sein mit Recht als unendlich erstrebenswertes Glück betrachten.

21. Dezember: Isaak und Rebekka (II)

Der Knecht nahm zehn von den Kamelen seines Herrn und machte sich mit allerlei kostbaren Sachen aus dem Besitz seines Herrn auf die Reise. Er brach auf und zog nach Mesopotamien in die Stadt Nahors. Vor der Stadt ließ er die Kamele am Brunnen lagern. Es war gegen Abend, um die Zeit, da die Frauen herauskommen, um Wasser zu schöpfen.

Er sagte: Herr, Gott meines Herrn Abraham, lass mich heute Glück haben und zeig meinem Herrn Abraham deine Huld! Da stehe ich an der Quelle und die Töchter der Stadtbewohner werden herauskommen, um Wasser zu schöpfen. Das Mädchen, zu dem ich dann sage: Reich mir doch deinen Krug zum Trinken!, und das antwortet: Trink nur, auch deine Kamele will ich tränken!, sie soll es sein, die du für deinen Knecht Isaak bestimmt hast. Daran will ich erkennen, dass du meinem Herrn Huld erweist.

Kaum hatte er aufgehört zu sprechen, da kam auch schon aus der Stadt Rebekka mit dem Krug auf der Schulter. Sie war dem Betuël geboren worden, dem Sohn der Milka, die die Frau Nahors, des Bruders Abrahams, war. Das Mädchen war sehr schön und sie war ledig; noch kein Mann hatte sie erkannt. Sie stieg zur Quelle hinab, füllte ihren Krug und kam wieder herauf.

Da ging der Knecht schnell auf sie zu und sagte: Lass mich ein wenig Wasser aus deinem Krug trinken! Trink nur, mein Herr!, antwortete sie, ließ geschwind den Krug auf ihre Hand herab und gab ihm zu trinken. Nachdem sie ihm zu trinken gegeben hatte, sagte sie: Auch für deine Kamele will ich schöpfen, bis sie sich satt getrunken haben. Flink leerte sie ihren Krug an der Tränke und lief noch einmal an den Brunnen zum Schöpfen. So schöpfte sie für alle Kamele. Der Knecht Abrahams schaute ihr schweigend zu; er wollte sehen, ob der Herr seine Reise gelingen ließe oder nicht. Als die Kamele mit dem Trinken fertig waren, nahm der Mann einen goldenen Nasenreif, einen halben Schekel schwer, und zwei goldene Spangen für ihre Arme, zehn Goldschekel schwer, und fragte: Wessen Tochter bist du? Sag mir doch, ob im Haus deines Vaters für uns Platz zum Übernachten ist!

Sie antwortete ihm: Ich bin die Tochter Betuëls, des Sohnes der Milka und des Nahor. Weiter sagte sie zu ihm: Stroh und Futter haben wir reichlich, auch Platz zum Übernachten.

Da verneigte sich der Mann, warf sich vor dem Herrn nieder und sagte: Gepriesen sei der Herr, der Gott meines Herrn Abraham, der es meinem Herrn nicht an Huld und Treue fehlen ließ. Der Herr hat mich geradewegs zum Haus des Bruders meines Herrn geführt.

Das Mädchen lief weg und erzählte im Haus seiner Mutter alles, was vorgefallen war. Rebekka hatte einen Bruder namens Laban. Laban eilte zu dem Mann hinaus an die Quelle. Er hatte den Nasenreif und an den Händen seiner Schwester die Spangen gesehen und hatte gehört, wie seine Schwester Rebekka berichtete: So und so hat der Mann zu mir gesagt. Er kam zu dem Mann, der bei den Kamelen an der Quelle stand.

Laban sagte: Komm, du Gesegneter des Herrn! Warum stehst du hier draußen? Ich habe das Haus aufgeräumt und für die Kamele Platz gemacht. Da ging der Mann mit ins Haus. Man schirrte die Kamele ab und gab ihnen Stroh und Futter. Für ihn und die Männer in seiner Begleitung brachte man Wasser zum Füßewaschen.

Als man ihm zu essen vorsetzte, sagte der Knecht Abrahams: Ich esse nicht, bevor ich nicht mein Anliegen vorgebracht habe. Sie antworteten: Rede!

Da berichtete er: Ein Knecht Abrahams bin ich. Der Herr hat meinen Herrn reichlich gesegnet, sodass er zu großem Vermögen gekommen ist. Er hat ihm Schafe und Rinder, Silber und Gold, Knechte und Mägde, Kamele und Esel gegeben. Sara, die Frau meines Herrn, hat meinem Herrn noch in ihrem Alter einen Sohn geboren. Ihm vermacht er alles, was ihm gehört. Mein Herr hat mir den Eid abgenommen: Du darfst für meinen Sohn keine Frau von den Töchtern der Kanaaniter nehmen, in deren Land ich wohne. Reise vielmehr zum Haus meines Vaters und zu meiner Verwandtschaft und hol eine Frau für meinen Sohn! Ich entgegnete meinem Herrn: Vielleicht will aber die Frau nicht mitkommen. Darauf antwortete er mir: Der Herr, vor dem ich meinen Weg gegangen bin, wird dir seinen Engel mitschicken und deine Reise gelingen lassen. Du wirst schon eine Frau für meinen Sohn mitbringen aus meiner Verwandtschaft, aus dem Haus meines Vaters. Von dem Eid, den du mir geleistet hast, sollst du dann entbunden sein, wenn du zu meinen Verwandten kommst und sie dir keine Frau geben. In diesem Fall bist du von dem Eid, den du mir geleistet hast, entbunden. So kam ich heute an die Quelle und sagte: Herr, Gott meines Herrn Abraham, lass doch die Reise gelingen, auf der ich mich befinde. Da stehe ich nun an der Quelle. Kommt ein Mädchen aus der Stadt heraus, um Wasser zu schöpfen, dann will ich sagen: Gib mir doch aus deinem

Krug ein wenig Wasser zu trinken! Sagt sie zu mir: Trink nur! Auch für deine Kamele will ich schöpfen!, so soll es die Frau sein, die der Herr für den Sohn meines Herrn bestimmt hat. Kaum hatte ich so zu mir gesagt, kam auch schon Rebekka mit dem Krug auf der Schulter heraus, stieg zur Quelle hinunter und schöpfte. Ich redete sie an: Gib mir doch zu trinken! Da setzte sie geschwind ihren Krug ab und sagte: Trink nur! Auch deine Kamele will ich tränken. Ich trank und sie gab auch den Kamelen zu trinken. Als ich sie fragte: Wessen Tochter bist du?, antwortete sie: Die Tochter Betuëls, des Sohnes Nahors, den ihm Milka gebar. Da legte ich ihr den Reif an die Nase und die Spangen um die Arme. Ich verneigte mich, warf mich vor dem Herrn nieder und pries den Herrn, den Gott meines Herrn Abraham, der mich geradewegs hierher geführt hat, um die Tochter des Bruders meines Herrn für dessen Sohn zu holen.
Jetzt aber sagt mir, ob ihr geneigt seid, meinem Herrn Wohlwollen und Vertrauen zu schenken. Wenn nicht, so gebt mir ebenfalls Bescheid, damit ich mich dann anderswohin wende.

(Gen 24,10-49)

Wort

Der Knecht bricht nach Mesopotamien auf, beladen mit Geschenken, um unter Abrahams Verwandtschaft eine Frau für Isaak zu finden. Nachdem der Knecht um Gottes Beistand gebeten hat, lässt der ihm alles gut gelingen.

Ein orientalisches Märchen mit einer prachtvollen Schilderung nimmt seinen Lauf. Abrahams Knecht trifft auf eine heiratsfähige junge Frau, die nicht nur dem altorientalischen Ideal entspricht, sie stammt auch aus der Verwandtschaft Abrahams und ist zudem unverheiratet. Der Knecht weiß, dass dies die Frau ist, die er sucht, beschenkt sie und lässt sich nur zu gern in das Haus Rebekkas einladen.

Dann folgt ein Paradebeispiel orientalischer Erzählkunst. Der Knecht möchte sein Anliegen vorbringen und der moderne westeuropäische Hörer erwartet jetzt eine kurze, wohlformulierte Anfrage und vielleicht auch noch eine entsprechende Begründung. Statt dessen hören wir die gesamte Geschichte, z.T. wird die Handlung im Munde des Knechts wörtlich wiederholt und erst in den letzten beiden Sätzen folgt die eigentliche Frage, ob denn Abrahams Anliegen positiv beschieden würde.

Gedanken

Die wichtigste Rolle in dieser Erzählung spielt Gott. Er ist der Herr der Handlung. Dies ist insofern erwähnenswert, als dass nach altorientalischer Vorstellung ein Gott an sein Land gebunden ist.
Es ist also gar nicht so selbstverständlich, dass sich der Knecht an d seines Herrn wendet. Aber im Gesamtzusammenhang des Abraham schließt sich hier ein Kreis. Gott hat Abraham in Mesopotamien berufe Kanaan geführt, in Ägypten und Kanaan bewahrt. Ebenso wirkt er als Gott und Ismaels. Die Abrahamserzählungen stellen uns als Gott sch universellen Gott dar, nicht als den exklusiven Gott Abrahams.
Jetzt kehrt Gott nach Mesopotamien zurück und beruft dort Rebekka z Isaaks. Der Knecht Abrahams wirkt dabei ähnlich wie die Eng vorangegangenen Erzählung. Als Gottes Bote verwirklicht er den Willen nicht durch mächtige Taten sondern durch Vermittlung.
So erhält auch die lange Wiederholung der Ereignisse durch den Knecht Sinn. Sie nimmt die fremden Zuhörer mit hinein in die Geschehnisse, Ereignissen vorausgehen. Im Hören und Nacherleben in der Geschichte sie mit Gottes Plan vertraut gemacht, verstehen sie die Berufung Rebek die Logik der Ereignisse. Wir werden davon noch hören.
Gott zeigt sich in dieser Geschichte als einer, der auf die Menschen Durch die Erzählung des Knechtes wirbt er um Verständnis für seine Pläne er den Menschen klar, warum und wie er Rebekka als Frau Abrahams hat. Dadurch werden sie besser verstehen, warum Rebekka die gefährlich auf sich nehmen und ihr Elternhaus für immer verlassen wird.

22. Dezember: Isaak und Rebekka (III)

Daraufhin antworteten Laban und Betuël: Die Sache ist vom Herrn ausgegangen. Wir können dir weder Ja noch Nein sagen. Da, Rebekka steht vor dir. Nimm sie und geh! Sie soll die Frau des Sohnes deines Herrn werden, wie der Herr es gefügt hat.

Als der Knecht Abrahams ihre Antwort hörte, warf er sich vor dem Herrn zur Erde nieder. Dann holte der Knecht silbernen und goldenen Schmuck und Kleider hervor und schenkte sie Rebekka. Auch ihrem Bruder und ihrer Mutter überreichte er kostbare Geschenke. Er und die Männer seiner Begleitung aßen und tranken und gingen dann schlafen. Als sie am Morgen aufstanden, sagte der Knecht: Entlasst mich jetzt zu meinem Herrn!

Der Bruder Rebekkas und ihre Mutter antworteten: Das Mädchen soll noch eine Zeit lang bei uns bleiben, etwa zehn Tage, dann mag sie sich auf die Reise begeben. Haltet mich nicht auf, antwortete er ihnen, der Herr hat meine Reise gelingen lassen. Lasst mich also zu meinem Herrn zurückkehren! Sie entgegneten: Wir wollen das Mädchen rufen und es selbst fragen.

Sie riefen Rebekka und fragten sie: Willst du mit diesem Mann reisen? Ja, antwortete sie. Da ließen sie ihre Schwester Rebekka und ihre Amme mit dem Knecht Abrahams und seinen Leuten ziehen. Sie segneten Rebekka und sagten zu ihr: Du, unsere Schwester, werde Mutter von tausendmal Zehntausend! Deine Nachkommen sollen besetzen das Tor ihrer Feinde.

(Gen 24,50-60)

Wort

Nachdem der Knecht Abrahams seine Sache vorgetragen hat, können sich Rebekkas Verwandte dem Wunsch des Gottes Abrahams nicht entziehen. Danach werden Geschenke verteilt und das Ganze wirkt wie eine Bestätigung des Eheversprechens.
Am kommenden Morgen drängt der Knecht zur Eile. Er hat das Ziel seines Auftrages erreicht und will nun keine Minute verstreichen lassen, um zu seinem Auftraggeber zurückzukehren. Obwohl die Familie noch zögert, stimmt Rebekka zu.
Mit dem Segen ihrer Familie darf Rebekka ziehen. Interessanterweise gleicht der Segen dabei demjenigen, den zuvor Abraham für seine Nachkommen erhalten hat.

Gedanken

Gott lässt Abrahams Plan im fernen Land gelingen. Sein Knecht stößt nicht auf taube Ohren, weder bei Abrahams Familie noch bei Rebekka, der jungen Frau.
Wie einst Abraham, ist auch Rebekka bereit, sich Gottes Ruf zu stellen und in die Fremde zu ziehen. Anders als Abraham aber offenbart sich ihr Gottes Wille nicht in einem Wort, das sich direkt an sie richtet. Vielmehr sind es ganz Ereignisse, wie sie ganz normal vorkommen können. Der Gesandte des fernen Verwandten hält stellvertretend um ihre Hand an.
Ein solches 'normales' Geschehen, in dem sich Gottes Wille äußert, ist uns vertrauter als dieses ungewöhnliche 'Gott sprach'. Gott richtet sich also an uns Menschen auch in unserem normalen Leben. Er begegnet uns in allen möglichen Ereignissen und wir sind aufgefordert uns Gott zu stellen. Dies ist gar keine Schwierigkeit, denn viele Situationen erfordern Entscheidungen. Diese müssen nicht gewaltig sein, aber sie fordern uns immer wieder heraus, gemäß Gottes Willen zu handeln.

Rebekka erkennt diesen Ruf Gottes und verweigert sich nicht. Damit wird sie, nach der Logik der Erzählung, eine Figur in der Heilsgeschichte Gottes. Sie stellt sich in die Linie, die Gott mit Abraham begonnen hat, führt Gottes Verheißung an Abraham fort und erbt so den Segen Gottes.

Wenn wir wie Rebekka handeln, wird es uns ähnlich ergehen. Wer sich in Gottes Nähe begibt, wird seinen Segen gewinnen.

23. Dezember: Dezember: Isaak und Rebekka (IV)

Rebekka brach mit ihren Mägden auf. Sie bestiegen die Kamele und folgten dem Mann. Der Knecht nahm Rebekka mit und trat die Rückreise an.
Isaak war in die Gegend des Brunnens von Lahai-Roï gekommen und hatte sich im Negeb niedergelassen.
Eines Tages ging Isaak gegen Abend hinaus, um sich auf dem Feld zu beschäftigen. Als er aufblickte, sah er: Kamele kamen daher. Auch Rebekka blickte auf und sah Isaak. Sie ließ sich vom Kamel herunter und fragte den Knecht: Wer ist der Mann dort, der uns auf dem Feld entgegenkommt? Der Knecht erwiderte: Das ist mein Herr. Da nahm sie den Schleier und verhüllte sich.
Der Knecht erzählte Isaak alles, was er ausgerichtet hatte. Isaak führte Rebekka in das Zelt seiner Mutter Sara. Er nahm sie zu sich und sie wurde seine Frau. Isaak gewann sie lieb und tröstete sich so über den Verlust seiner Mutter.

(Gen 24,61-67)

Wort

Die Erzählung von Isaak und Rebekka gelangt an ihr glückliches Ende. Abrahams Knecht kann die ihm Anvertrauten sicher nach Kanaan zurückführen.
Der erste Mensch, den Rebekka in ihrer neuen Heimat erblickt ist Isaak. Und es scheint Liebe auf den ersten Blick zu sein, denn Isaak fällt Rebekka sofort auf und Isaak, so wird ausdrücklich gesagt, gewinnt Rebekka lieb, so lieb, dass Rebekka ihn über den Tod seiner Mutter hinweg tröstet. Darunter hat er wohl sehr gelitten.

Gedanken

Die heutige Erzählung zeichnet die zärtlichsten Szenen, die im Alten Testament zu finden sind. Isaak und Rebekka finden zueinander.
Mit zurückhaltenden Worten beschreibt der Autor das innere Geschehen in Rebekka und Isaak. Und doch lässt er erahnen, was sich in den Beiden abspielt. Zwei Menschen werden vollständig: Rebekka ist in die Fremde gezogen und Isaak hat seine Mutter verloren. Ihre Liebe nimmt die Leerstellen ein, die die zurückliegenden Ereignisse in ihr Leben gerissen hat.
Man könnte diesen letzten Gedanken aber auch umdrehen. Beide haben sich von ihren Eltern emanzipiert. Jetzt sind Rebekka und Isaak reif für eine Partnerschaft. Beiden ist ja nichts Ungewöhnliches zugestoßen. Jeder muss einmal Abschied von seiner Mutter und der Familie seiner Kindheit nehmen.
Diese Erzählung stellt diesen natürlichen Gang der Ereignisse zudem noch in den Heilsplan Gottes. Nichts geschieht in Isaaks und Rebekkas Leben, ohne dass etwas Größeres dahinter stünde. Die Verluste, die sie erlitten haben, gibt Raum für etwas Neues, Größeres.
In unserer Konsumgesellschaft geht uns dieser Zusammenhang von Verlust und Raum gewinnen sehr schnell verloren. Uns wird suggeriert, Schmerzhaftes und Ungewohntes müsse möglichst schnell kompensiert werden. Wir sind geneigt, diesem Angebot nur allzu gerne nachzugeben, ohne zu spüren, wie oberflächlich solche schnellen Kompensationen sind. Der neu gewonnene Raum wird dann nicht dazu genutzt zu wachsen. So bleiben wir kindhaft, auf direkte Bedürfnisbefriedigung fixiert.

24. Dezember: Abrahams Tod und Begräbnis

Das ist die Zahl der Lebensjahre Abrahams: Hundertfünfundsiebzig Jahre wurde er alt, dann verschied er. Er starb in hohem Alter, betagt und lebenssatt, und wurde mit seinen Vorfahren vereint.

Seine Söhne Isaak und Ismael begruben ihn in der Höhle von Machpela bei Mamre, auf dem Grundstück des Hetiters Efron, des Sohnes Zohars, auf dem Grundstück, das Abraham von den Hetitern gekauft hatte. Dort sind Abraham und seine Frau Sara begraben.

Nach dem Tod Abrahams segnete Gott seinen Sohn Isaak und Isaak ließ sich beim Brunnen Lahai-Roï nieder.

(Gen 25,7- 11)

Wort

Abraham stirbt hochbetagt und lebenssatt. Damit hat er das Ziel seines Lebens nach altorientalischer Vorstellung voll und ganz erreicht

Wie seine Frau Sara findet auch er erst nach dem Ende seines Lebens Ruhe auf seinem eigenen Land, der rechtmäßig erworbenen Höhle von Machpela.

Sein Haus hinterlässt er wohl bestellt. Seine Söhne sind noch keine feindlichen Brüder, sondern begraben ihren Vater gemeinsam.

Glücklicher kann Abraham sein Leben nicht beendet. Uralt ist er geworden und lebenssatt ist er. Abraham hat alles erreicht, was ein Mensch erreichen kann.

Abrahams Bund mit Gott hat nicht nur dazu geführt, dass sich Gottes Verheißungen, Nachkommen und Land, erfüllt haben, ganz nebenbei erreichte Abraham auch noch ein biblisches Alter. Ein Bund mit Gott verwandelt also den ganzen Menschen. Dies zeigen auch viele Ereignisse aus Abrahams Leben.

So stirbt Abraham als Heiliger und bis heute wird sein Grab in Hebron von Juden und Moslems gleichermaßen verehrt. Es ist sowohl Moschee als auch Synagoge.

Abraham ist das Urbild des Menschen der mit Gott wandelt. Er gilt als Vater Aller, die an Gott glauben. Die Zeitgenossen Jesu haben so sehr auf ihn vertraut, dass Jesus anmahnen musste, dass es nicht allein reicht, Kind Abrahams zu sein. Man müsse trotzdem Gottes Willen tun.

Abraham ist so zu einer Verheißung für alle Menschen geworden. Wer sein Leben mit Gott geht, kann Gottesfürst werden. Gott wird ihn in Neues und Unbekanntes führen. Das kann auch Angst machen und schmerzlich sein, aber es führt in neue Weiten. Manchmal kann Gott auch auf sich warten lassen, die Erfüllung seiner Verheißung sich bis ins Unerträgliche verzögern.

Aber Gott ist treu. Er wendet sich nicht von den Seinen ab. Wir Christen glauben, dass sich dies besonders in Jesus zeigt. In ihm wechselt Gott sogar die Perspektive. In der 'Fülle der Zeiten', wie Paulus sagen würde, macht sich der Schöpfer zu Geschöpf, unterwirft sich der Sterblichkeit. Gott kommt damit den Seinen näher als je zuvor, auch näher als es sich Abraham hätte vorstellen kann.

Printed by Books on Demand GmbH, Norderstedt / Germany